U0001269

SWITZERLAND

最—完—美—的
瑞士之旅
一生一定要去一次的人間仙境！

文少輝 Jackman 圖 文 攝　　**傅美璇** Erica 文 攝

目錄 Contents

Chapter 1　蘇黎世 Zurich

目錄 Contents

新版前言　第二次生命之旅

　　非常感恩《最完美的瑞士之旅1》和《最完美的瑞士之旅2》受到台灣、香港及東南亞等地方不少讀者的熱情支持，其間又在台灣及香港舉行多場分享會，每次能夠與讀者們見面、聊著一切在瑞士旅行的美好事情，我們都十分愉快！

　　我們兩個雖是小小的作者，但在過去的十年創作生涯中一直堅持的付出，實踐心中那個夢，穩定地每年發表一至兩本作品，轉眼間至今已完成十多本作品，雖不是每一本都有耀眼亮麗的成績，全部都是引以為傲的心血結晶。

　　寫作一本書，大致有好幾個值得記念的感動時刻，比如是歷盡漫長的辛苦才終於寫上全書句號的那一刻、印刷成為實體書並在各大書店上架、幾年間能持續地加印、直接或間接地收到讀者的讚賞及意見（印象深刻的是有不少讀者帶著厚達三百多頁的《最完美的瑞士之旅1》去瑞士、甚至根據我們旅程路線幾乎一樣地走一趟……）這幾個感動時刻我們都從《最完美的瑞士之旅1》感受到，接下來它引領我們去到另一個幸福感動世界，《最完美的瑞士之旅1》告別初版、邁進新版。

在《最完美的瑞士之旅 1》的第二次生命之旅中，我們期盼更多讀者能規劃出自己心中的最完美的瑞士之旅，因此除了修訂外，還新增幾條長程、短程路線的建議。

最後順帶一說，《最完美的瑞士之旅 1》新版面世的時候，我們全新作品，是圍繞芬蘭及波羅的海三國的旅程，應該已經出版，請大家多多支持！

2017 夏天，我們在台灣（上排）及香港（下排）進行多場新書分享會，每一場充滿主得和熱情的回憶。其中香港場得到瑞士駐香港總領事處的協助，下排中圖裡 Jackman（左）與瑞士駐香港總領事 Reto Renggli（中）及香港著名作家陶傑（右）合照。

少女峰地區的山谷小鎮：
格林德瓦（Grindelwald）及艾格峰（Eiger）

「人間仙境」是怎樣的？ 就像瑞士那樣！

「人間仙境」是怎樣的？「很美、很漂亮。」「如何美？」「太抽象、很難說……」還沒去瑞士前，無法詮釋這四個字，當置身於瑞士的湖泊與雪峰，凝視著波光粼粼的湛藍湖水、皚皚雪山的旖旎風光，大腦自動浮現了「人間仙境」這四字詞。旅遊瑞士，一定要「坐船遊湖」和「登上雪山」，面對瑞士的絕美迷人，你會詫異——由凡間通往仙境，竟簡單得如此不簡單。

🧳 水之美

瑞士有「歐洲的水源」之美譽，冰河的融水和山間的流水都含有豐富的礦物，全國擁有大小湖泊接近 1500 個，寧靜地躺在群山的懷抱中。這次旅行中，我們看到三大湖泊之美，這些迷人的湖泊分別是日內瓦湖（Lac Leman）、琉森湖（Vierwldstattersee）及盧加諾湖（Lago di Lugano），依面積而排列。

🧳 坐在懷舊蒸汽船遊琉森湖看日落

本頁的水彩畫繪於琉森湖碼頭，琉森湖也稱為四森林洲湖，是由三個湖泊組成的大湖，共有五艘蒸汽船行駛，最知名的是來往琉森與弗呂倫之間的威廉泰爾快線（Wilhelm Tell Express），單程約 3 小時，可在船上邊享用午餐邊看景色，下船後再搭上全景觀列車直往南部。此外，短程約兩小時的日落加晚餐遊船之旅，也十分受歡迎，通通收錄在此書中。

🧳 山之美

瑞士兩個最著名山峰地區：馬特洪峰地區（Matterhorn Region）及少女峰地區（Jungfrau Region），魅力非凡，一年四季吸引著無數來自世界各地的遊人來朝聖。當你踏上 3 千多公尺的高山，立即被那雄偉壯麗的群山與冰河所組成的絕美景致完全包圍著，一刻間便有「不枉此生」之完滿感受，在內心深處激盪著。

🧳 馬特洪峰之黃金日出

馬特洪峰，其金字塔型的巨型尖峰一柱擎天，陡峭又險峻，深深迷倒我倆，Jackman 因此畫下多幅不同角度的作品，那幾天留下了最多難忘的片段，我們在晨光未現之時，搭上比起首班還要早的登山鐵道，極其幸運地遇上美好的天氣，還清清楚楚地欣賞到傳說中的「馬特洪峰黃金日出」！

🧳 琉森的三大名山

　　此外，別忘了琉森區的三大名山：皮拉圖斯山（Pilatus）、鐵力士山（Titlis）及瑞吉山（Rigi），亦是各有風采，絕對是瑞士中部登山看大自然美景的重點，而且三者都擁有交通便利的優勢，十分適合規劃日歸的短程旅行！

琉森 Luzern

伯連納快線 Bernina Express

最精華的九條瑞士鐵道觀光路線

　　如果想要完完全全體驗最美的瑞士，除了「登上雪山」與「坐船遊湖」，還有第三個重要的方法，就是「搭乘世界聞名的觀光列車」，窗外不斷上映的美景定必使你應接不暇！整個瑞士有多條觀光列車路線，可串連成環遊全瑞士的鐵道之旅，其中最著名的九條路線，也是我們這次旅程的重點。

❶ 皮拉圖斯山登山鐵道（Pilatus Railway）（P.70）

琉森地區：Alpnachstad → Pilatus

登上琉森地區三大名山之一皮拉圖斯山的登山齒輪火車，於 1889 年開始運行，迄今仍以 48％的最大坡度，保持著「世界上最陡的齒軌登山鐵道」的稱號，全程為 30 分鐘。

❷ 瑞吉山登山鐵道（Rigi Railway）（P.86）

琉森地區：Vitznau → Rigi Kulm

登上琉森地區三大名山之一瑞吉山的最古老登山齒輪火車，於 1871 年開始運行，全程約 1 個多小時。

❸ 聖哥達全景觀快車（Gotthard Panorama Express）（P.98）

琉森（Luzern）→ 盧加諾（Lugano）

全程約 5 小時，路線由蒸汽遊船與全景觀列車所組成。從琉森搭乘 3 小時的蒸汽輪遊船到達弗呂倫（Fluelen），然後轉乘列車穿過瑞士的心臟地帶和世界上最長的鐵道隧道，直奔南部主要城市盧加諾或洛迦諾。

❹ 伯連納快線（Bernina Express）（P.134）

盧加諾（Lugano）→義大利蒂拉諾（Tirano）→庫爾（Chur）

全程約 4 小時，全景觀列車共穿過 55 條隧道、196 座橋樑，圖西斯（Thusis）至蒂拉諾段於 2008 年更被聯合國教科文組織列入世界遺產。旅客可在盧加諾先搭乘伯連納快線大巴（Bernina Express Bus）進入義大利國境內的蒂拉諾，然後轉乘火車出發。

⑤ 冰河列車（Glacier Express）（P.172）

聖莫里茲（St. Moritz）→策馬特（Zermatt）

全程約 8 小時，跨越 291 座橋樑、穿過 91 條隧道，冰河列車名字的由來是因為鐵道築在冰河遺跡上，沿途可觀賞冰川，時速僅有 35 公里，故有「全世界最慢的觀景列車」之美譽。

⑥ 高納葛拉特鐵道（Gornergrat Bahn）（P.194）

馬特洪峰地區：策馬特 → 高納葛拉特鐵道（Gornergrat）

前往馬特洪峰著名觀景台的主要鐵道，也是歐洲最高露天齒軌登山鐵路，去程為 33 分鐘，下山為 44 分鐘。

⑦ 巧克力列車（Choloate Train）（P.262）

蒙投（Montreux）→ Gruyeres 小鎮→蒙投

由 GoldenPass Line 和雀巢公司合作，全程約 8 小時，實際上是條一日行程的主題路線，從蒙投接送旅客前往三個地方：雀巢公司 Cailler 巧克力工廠、11 世紀的格律耶爾城堡和格律耶爾起司工場，行程十分豐富。

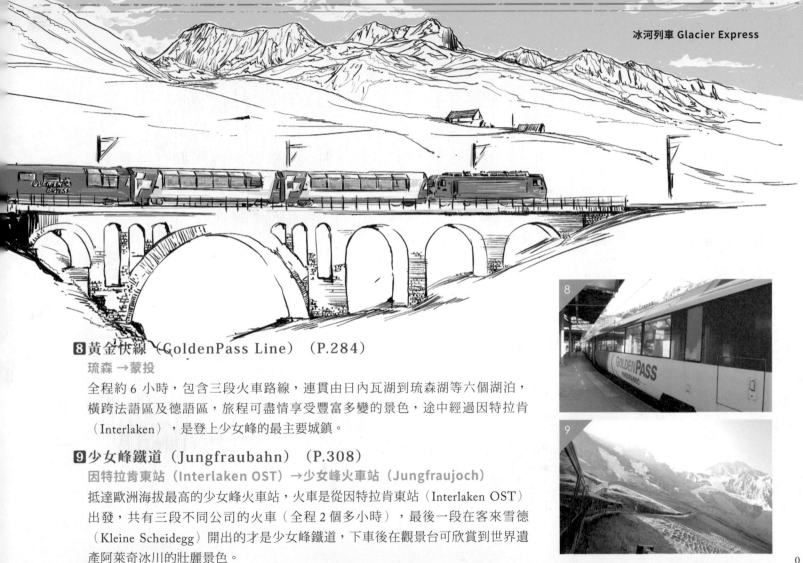

8 黃金快線（GoldenPass Line）（P.284）

琉森 → 蒙投

全程約 6 小時，包含三段火車路線，連貫由日內瓦湖到琉森湖等六個湖泊，橫跨法語區及德語區，旅程可盡情享受豐富多變的景色，途中經過因特拉肯（Interlaken），是登上少女峰的最主要城鎮。

9 少女峰鐵道（Jungfraubahn）（P.308）

因特拉肯東站（Interlaken OST）→少女峰火車站（Jungfraujoch）

抵達歐洲海拔最高的少女峰火車站，火車是從因特拉肯東站（Interlaken OST）出發，共有三段不同公司的火車（全程 2 個多小時），最後一段在客來雪德（Kleine Scheidegg）開出的才是少女峰鐵道，下車後在觀景台可欣賞到世界遺產阿萊奇冰川的壯麗景色。

鐵道及套票全攻略：規劃你心中最完美的瑞士之旅

瑞士屬於內陸山地的歐洲國家，北接德國，西鄰法國，南壤義大利，東臨奧地利。全國有8百萬人口，首都是伯恩（Bern），主要城市包括蘇黎世、日內瓦、琉森等等，兩個國際機場分別位於蘇黎世及日內瓦。

🧳 21個晚上、7個城鎮，最理想的旅遊方法就是坐火車

我們的瑞士之旅從香港出發，搭約12小時直航飛抵瑞士北部的蘇黎世，蘇黎世 Zurich（2天）、琉森 Luzern（4天）、盧加諾 Lugano（2天）、庫爾 Chur（2天）、策馬特 Zermatt（4天）、蒙投 Montreux（3天）及格林德瓦 Grindelwald（4天），共21個晚上。這樣不斷移動遊訪不同的城市，最理想、快捷又環保的旅遊方法當然是坐火車。

德國
Germany

法國
France

沙夫豪森
Schaffhausen

❶蘇黎世
Schaffhausen

奧地利
Austria

瑞士 Switzerland

❷琉森
Luzern

首都 伯恩
Bern

因特拉肯
Interlaken

❼格林德瓦
Grindelwal

❹庫爾
Chur

日內瓦
Geneva

❻蒙投
Montreux

❺策馬特
Zermatt

❸盧加諾
Lugano

義大利 Italy

法國
France

四季及登山交通的三種價格之劃分

　　計劃高山區的旅遊要留意四季劃分，大致上冬天（12月至2月）、春天（3月至5月下旬）、夏天（6月至8月）、秋天（9-11月），不用說冬季及夏季是旺季，除了觀賞景色外，夏季以健行為主，各個纜車站外面都是不同主題的健行路線，亞洲區旅客多選擇在夏天前往；冬天則以滑雪及其他雪類活動為主，擠滿超多滑雪旅客。

　　絕大部分的登山列車及纜車都是全年運行，不過也有特別例子，比如彼拉圖斯山的登山火車只在夏天運行。近年，熱門的登山交通工具採用三種價格，「七月至八月」是全年最貴。冰河列車的「強制性訂位費」，同樣是這樣三種價錢的劃分。

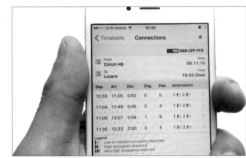

SBB Mobile APP：查詢班次的頁面

只需使用 1 個網站／ APP，便可規劃全國的大眾交通工具

　　瑞士的火車系統十分完善，有著驚人的準確度，且絕大多數的旅遊景點和城鎮都能經由火車到達。建議透過瑞士聯邦鐵路網站（簡稱 SBB，www.sbb.ch）來查詢國鐵及全部私鐵的班次，還可以查詢登山鐵道、纜車、遊船、巴士的時刻表，絕對是規劃瑞士旅遊的利器。

　　此外，在旅行期間，智慧型手機最好先安裝 SBB Mobile APP，就可因應行程變動而查詢班次。APP 的資料已很足夠，但網站還會提供列車的頭等及二等車廂分佈，及車站的主要資料等等，能更全面規劃行程。

認識瑞士主要的交通套票

　　瑞士官方發行了多種專門供外國遊客使用的旅遊套票，我們選擇了瑞士旅行通票（Swiss Travel Pass），不只在整個瑞士可以任搭火車，也包含了巴士、輕軌列車、遊船等多種公共交通工具，每次不用排隊買票便可立即跳上火車往下一站，真是一張通票在手走遍全國不用愁。此外，它還包括了瑞士 4 百多間博物館和展覽館的免費門票。瑞士是物價比較高的國家，交通花費相對高，除非自駕旅行，不然的話，套票真的可以節省不少開支。

　　瑞士通票官方網站（www.swiss-pass.ch）或瑞士官方旅遊局（www.myswitzerland.com，有繁體中文版本），都列舉了各種套票並提供網上購買

持有 Swiss Travel Pass，除了火車，瑞士絕大部分城市的公共交通都可任用，包括地面電車、巴士、地鐵和遊船。

瑞士旅行交通證（Swiss Travel Pass）

可分為連續 3 天、4 天、8 天及 15 天，一票在手，可以任意搭乘瑞士全國的鐵路、公路和水路交通工具；此外，還可免費入場參觀全國約 480 間博物館等；絕大部分登山鐵路，亦可享有 50％優惠折扣。

適用：假如你規劃很多路線，又預計會隨時調整，分別購買車票確實會花較多錢；此外，如果再考慮收費昂費的登山鐵路可享半價，景點、博物館則可享免費，以及不想浪費時間購票，這便是最佳選擇。

一等票	3 天通票	4 天通票	8 天通票	15 天通票
26 歲以上	358 瑞郎	429 瑞郎	631 瑞郎	765 瑞郎
16 ～ 26 歲	305 瑞郎	366 瑞郎	538 瑞郎	654 瑞郎

二等票	3 天通票	4 天通票	8 天通票	15 天通票
26 歲以上	225 瑞郎	270 瑞郎	398 瑞郎	485 瑞郎
16 ～ 26 歲	192 瑞郎	231 瑞郎	340 瑞郎	416 瑞郎

 備註：
1. 5 歲或以下兒童（人數不限），在持有有效票證的成人陪同下，可免費搭乘交通工具。
2. 6 ～ 15 歲兒童，在至少一名持有瑞士家庭交通免費卡的家長陪同下，可免費搭乘交通工具。
3. 6 ～ 15 歲兒童，如果沒有至少一名家長陪同，可半價購買交通證。

 瑞士半價卡（Swiss Half Fare Card）

可以半價購買大部分火車、公車、船舶、登山纜車票，一個月之內有效，全瑞士通用。

適用：比較合適短途旅行。**價格：**120 瑞郎（不論年齡）。
使用方法：在售票窗口出示此證，或在自助售票機及網上購票時輸入相關資料。查票時需要一起出示此證和車票。

（上）瑞士旅遊局的《瑞士交通地圖》
（下）Swiss Travel Pass

 彈性瑞士旅行交通證（Swiss Travel Pass Flex）

跟 Swiss Travel Pass 幾乎一樣，唯一區別是價格和使用時間可以不連續，但需要在 1 個月內使用完畢。

適用：行程的時間安排較分散。

	二等票	一等票
1 個月任用 3 天	259 瑞郎	412 瑞郎
1 個月任用 4 天	310 瑞郎	493 瑞郎
1 個月任用 8 天	445 瑞郎	706 瑞郎
1 個月任用 15 天	532 瑞郎	840 瑞郎

在其他沒有使用 Swiss Travel Pass Flex 的日子，如想享用半價優惠的話，可用 60 瑞郎額外購買瑞士半價組合卡（Swiss Half Fare Card Combi），時效為使用 Swiss Travel Pass Flex 的第一天和最後一天之間，如果相隔 28 天，半價證可使用 28 天，如果相隔 5 天，便只有 5 天。

應用 Swiss Travel Pass 與搭火車的不可不知 15 件事

🧳 關於 Swiss Travel Pass

1. 購買交通票證：在台灣或香港專門售賣歐洲鐵道火車券的旅行社，又或者在瑞士火車站或機場，持護照可直接購買。

2. 購買電子票：這個方法最方便，只需在官網 www.swiss-pass.ch 購買電子票，黑白列印在 A4 紙上即可使用，使用時需出示護照。

3. 如何啟用：除了在票證上填寫個人資料、護照等，記得還需要填寫啟用日期。

4. 使用方法：一般情況下，拿著 Swiss Travel Pass 直接就能上車或船。至於半價或 75 折的地點，則要另外購票，只要出示 Pass 便能獲得折扣。

5. 票證的有效範圍地圖：右頁的地圖就是，在官網下載，清楚列明哪些交通工具是免費（實線）、半價或 25%（虛線）。

唯一兩段 75 折的路線：
少女峰路段由 Grindelwald 或 Wengen
→ Kleine Scheidegg → Jungfraujoch

Kleine Scheidegg 車站

代表 75 折的標誌

Area of validity
Geltungsbereich
Rayon de validité
Campo di validità
Version/Stand/Etat/Stato: 10.2014
Due to lack of space not all lines are indicated. Subject to change.
Aus Platzgründen sind nicht alle Linien angegeben. Änderungen vorbehalten.
Pour des raisons de place, toutes les lignes ne sont pas indiquées. Sous réserve de modificati
Per motivi di spazio, non tutte le linee sono presenti. Con riserva di modifiche.

Swiss Travel System's network of trains, buses and boats
Das Streckennetz des Swiss Travel System mit Bahn, Bus und Schiff
Le réseau Swiss Travel System de trains, cars et bateaux
La rete Swiss Travel System di treni, autobus e battelli

| 紅色：火車 |
| 黑色：登山鐵道 |
| 黃色：巴士 |
| 白色：遊船 |

Railways	Cable cars
Bahnen	Seilbahnen
Trains	Remontées mécaniques
Ferrovie	Funivie, Funicolari
Buses	Boats
Autobusse	Schiffe
Cars	Bateaux
Autobus	Battelli

1 : 1.25 m
0   10   20   30 km

日內瓦湖的免費遊船路線，可參考 P.282。
其他湖泊包括蘇黎世、琉森、圖恩、布里恩茨、盧加諾的遊船也可享免費。

實色線條：免費

虛線：半價，只有兩段是 75 折

免費城市交通的標誌
（地鐵、巴士、地面電車等）

少女峰地區
請看左頁的放大圖

部分跨國火車或大巴可享免費

這段就是伯連納快線（Bernina Express）的巴士行程，通往
義大利蒂拉諾（Tirano）與瑞士盧加諾（Lugano）之間，也
是免費，但需要付訂位費，詳情請參考 P.145。

全景觀列車：黃金快線

全景觀列車：冰河列車的頭等艙

這位沒有戴太陽眼鏡的伯伯，雖然戴著遮陽帽，但仍然不足夠。

SBB 德、CFF 法、FFS 義

6. 全觀景線路需要額外支付訂位費：搭乘冰河列車、伯連納快線、黃金快線及一些全觀景列車（車廂頂部的弧形大窗可讓乘客全方位觀賞窗外景色），通票雖然已包含車費，不過需要另付訂位費，詳情另見該列車的文章介紹。

7. 搭全景觀列車的必備用品：太陽眼鏡，因為車廂裡沒有任何窗簾（據說就是避免乘客拉下車簾遮太陽），夏天陽光炙熱時，還會有亞洲乘客撑起遮陽傘，甚至走避到車廂之間連結的走廊，堪稱全景觀列車的「另類奇景」。

8. 免費參觀博物館：唯獨琉森的瑞士交通博物館（Swiss Museum of Transport）只有 50% 折扣，但這是很值得去的地方，請見 P.94。

🧳 關於搭乘火車

9. 瑞士國鐵的三個譯名：因為瑞士以說德語、法語、義大利語為主，所以瑞士國鐵有三個譯名：SBB、CFF、FFS，分別為德文、法文、義文。

10. 車上查票：瑞士鐵路是開放式的，上車前不用查票，驗票都是在車上查驗，如果沒有買票就上車的話，會被罰不少錢，要注意！

11. 使用前務必填寫通票的完整資料：使用通票的旅客，向查票人員出示通票便可（有時會查看護照），如發現未填好資料，會當作無效而被罰錢。

ICE 列車及頭等車廂

S 列車的二等車廂

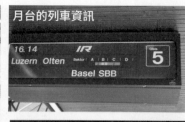

月台的列車資訊

車廂內的其他列車資訊

12. 勤勞的查票員：除了短程外，超過 30 分鐘車程，如 ICE、EC、IC、IR 班次等，查票員都會查票。我們的經驗是，當列車在首站開車不久，查票員很快便進行查票工作，到達第二站後有新乘客上車時，又會馬上查票，而且會記得已查過票的乘客不會再查，只是每當有新乘客才會又再出現。

13. 瑞士的火車有很多種類，以下是較常見的幾種：

1）ICE 或 EC：跨國的高速列車，來往德國、義大利、法國與瑞士的主要城市之間。

2）IC：瑞士境內的城際列車，也會停靠中小城市。

3）IR：跨地區列車，單程一般不超過 2 小時，停站比較多。

4）S：為區域短程慢車，每站都停靠。沒有列車服務員，可攜帶自行車。

14. 頭等座 VS 二等座：大部分列車有分頭等及二等車廂，持有二等車廂車票的旅客，有時因為趕時間會不小心誤入頭等車廂，所以在上車前或上車後要注意一下。

15. 善用車廂內的其他列車資訊：對於要轉車的旅客，十分有用！

16. 行李托運：見 P.287。

旅程由蘇黎世國際機場開始

瑞士有五個機場，包括蘇黎世、日內瓦、伯恩、巴塞爾及盧加諾，前兩個是國際機場，都有連接火車站，十分方便。一般來說，從亞洲搭飛機到瑞士，通常都會在蘇黎世國際機場（ZRH）降落，如果從其他歐洲國家入境，才有機會前往其他機場。

從機場到市區只需 10 分鐘

這次我們搭乘瑞士航空的直航機，晚上起飛，第二天清晨便可抵達，第一天的時間完全沒有浪費。從蘇黎世機場火車站（Zurich Flughafen）到市區，只需搭乘 S-Bahn（S2 或 S16），10 多分鐘便有一班，可直達蘇黎世中央火車站（Zurich Haupt bahnhof，簡稱 Zurich HB）；持有 Swiss Travel Pass 的旅客，只要看到前往 Zurich HB 的 IC 或 IR 列車都可以直接上車，約 10 分鐘便可抵達。

手機的上網服務

瑞士的網路收費出奇地不昂貴，而且覆蓋範圍很廣，即使我們在少女峰和馬特洪峰一些偏僻的高山地區健行時，收訊狀況也很好。可在 Swisscom 或 Sunrise 這兩間瑞士電信公司購買預付卡（NATEL Easy Smart pre-paid Card），蘇黎世機場或中央火車站都有據點。從蘇黎世機場過海關後，在機場火車站內的商場，就很容易找到這兩家電信公司，而且位於彼此的隔壁。

我們選擇的是 Swisscom，只要跟店員說要購買「prepaid card for internet」，他們就知道是要買「NATEL Easy Smart Card」。購買時，還需提供當天住宿的地址及護照作登記。

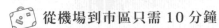

買 3C 或旅行用品：SWISS POST

我們在旅程中遺失了 iphone 傳輸線，在好多間超市都找不到，後來當地人說郵局也有販售實用物品，而且 3C 或旅行用品通通都有，太好了，因為不少車站裡或旁邊都會有郵局！

NATEL Easy Smart Card
價錢：約 20 多瑞郎
此預付式數據卡可供 10 天使用，如果待超過 10 天可線上儲值或到店面儲值，亦可撥瑞士境內電話。詳情可看官網。
Swisscom：www.swisscom.ch
Sunrise：www1.sunrise.ch

蘇黎世機場火車站／中央火車站→各主要城市的鐵路時間
琉森（0:50）、巴塞爾（1:00）、伯恩（1:00）、因特拉肯（2:15）、蒙投（2:40）、盧加諾（3:00）、日內瓦（4:00）、策馬特（4:30）

列車資訊版顯示這四個班次都是往蘇黎世中央火車站，幾分鐘便有一班，真方便！

（上及中）蘇黎世機場火車站
（下）蘇黎世中央火車站

蘇黎世中央火車站
1871 年重建至今，是瑞士最大的火車站，從正門步出，便是繁盛的班霍夫大街（Bahnhofstrasse），銀行、名店、百貨公司、咖啡店林立，是我們旅程的開始！

蘇黎世

Zurich

Zurich

從工廠區活化轉身成蘇黎世時尚潮區

蘇黎世（Zurich）是瑞士的第一大城市，旅遊書多半介紹其舊城區，不過我們決定帶大家先到蘇黎世西區（Zurich West），只因蘇黎世除了有金融、保險、銀行和大大小小各種商店外，更讓人驚喜的是，原來還有一塊集合保育、善用資源的時尚潮區！

🧳 感受蘇黎世不一樣的氛圍

從前，蘇黎世西區是一個工業區，有著大型造船廠，隨著時代變遷與廠房空置，政府在2004年展開活化計劃，經過10年的實踐，許多完成歷史任務的建築物與廠房不但完整地被保留下來，再經過重新規劃後，在社區中展開「第二次生命」繼續服務群眾，發光發亮，全區成功轉型，變成了今日口碑載譽的潮流文化及休閒地區，到訪的遊客持續增加。

因此，無論是初次到訪或來過數次但還未逛過西區的遊客，若想感受蘇黎世與舊城的古典截然不同的氛圍，西區一定會讓你對這城市另眼相看。

🧳 坐路面電車遊蘇黎世市最方便

在蘇黎世市內漫遊，特別喜歡乘坐路面電車，畢竟我們來自香港，「叮叮」陪伴我們成長（「叮叮」是港式用語，即雙層路面電車）。市內的電車網路完善，共有14條路線，幾乎不到3百公尺就有一個車站，因此市內遊覽都以搭電車為主。在中央火車站搭上4或13號電車後，慢慢遠離繁華的市中心，約10多分鐘，車窗外便出現一排煙囪及紅磚屋，就在Dammweg站下車。

第1站　鐵道高架橋活化成潮區

Im Viadukt，「Viadukt」是德語，意指高架橋，跟英語的Viaduct非常相似。這座建於1894年的鐵道高架橋，當時是來往渡輪碼頭及市中心的重要交通通道，於2010年重新規劃完成，鐵橋下超過50個拱廊紛紛變成新式購物飲食休憩區。

這道充滿歷史感的石橋，當年由6千多人建造，共有兩道一高一低來自不同方向的鐵道，交會點就在Dammweg站附近，也是我們逛Im Viadukt的起點，交會點由一間Markthalle市集連接在一起，其中充滿了創意的設計。看看右頁的插畫，畫中的左方是較低的橋，右方是較高的，Markthalle建於中間，兩道橋交接後構成一座上下兩道火車軌的橋，通往至中央火車站。

晃遊 Im Viadukt 的起點
Markthalle，建於兩道超過一百年的鐵道橋之間，構成富歷史感的獨特畫面。

磚塊拱門營造出別有洞天的感覺

Markthalle 是大型的室內市集,由於建於兩道橋交錯處,外觀上已經極為引人注目,步入其中更發現圓頂的採光度十足,兩側磚塊拱門打造了一個很酷的環境,讓人有種別有洞天的感覺。市集內以本地食材為主,販售瑞士不同地區的鮮果、蔬菜、麵包、起司、調味料、葡萄酒、乾貨等等,也有多家餐廳,足以讓遊客在此大快朵頤。

 ## 一片悠然寫意的氛圍

離開市集,其餘的拱門便是時裝、家居設計等 50 間風格商店或藝廊,一直伸延至少四條街,好不豐富,值得逐一入內挖寶。特別喜歡拱廊商店對面的公園,在和煦陽光下,綠草格外充滿生命力,大人或坐或躺,小朋友奔跑玩樂,散發著一片悠然寫意的氛圍。

 ## 沒有異味的工廠區

兩道鐵道交會後,成為一座兩層的高架橋,中層的軌道現改造成行人及單車徑,我們登上這一層,換一個角度觀看四周的住宅與工廠混合而成的景致,偶然有火車在最上層駛過,也聽不到吵雜聲。

邊走邊看到不遠處有不停冒煙的煙囪,出奇地嗅不到任何異味?原來瑞士政府從德國南部收購經過分類的垃圾回來燃燒,處理過程中不會產生異味和空氣污染,重點是所生產出來的燃料還可供應這一區使用。沒有吵雜聲、也沒有異味,在冷酷灰調的工廠區竟然出現一塊如此美好的寧靜環境,讓我們想多花時間細細探索!

klangwandel

INFO

Im Viadukt

網址 | www.im-viadukt.ch

地址 | Gewerbeschule, 8005 Zurich

時間 | Markthalle 周一至四 10am ～ 8pm；
周五、六 8am ～ 8pm；其他商店請參考網頁。

交通 | 搭乘 4 或 13 號電車，在 Dammweg 站下車即可見

第 2 站　造船廠搖身一變成劇院

　　Schiffbau，昔日為一個名為 Schiffbau 的巨型造船廠，成功轉型成劇院。舊船廠的巨型輪機配件放置在外面，標誌著其往昔身份和作用。裡面完全沒有高級的裝潢，著重完整地把原來的設計保留下來，只改建成兩個可容納數百人的劇院，及一個只有 70 個座位的小劇場，再加上一間佈置優雅的餐廳 LaSalle Restaurant & Bar，落地玻璃窗透視了整個舊船廠的空間，簡簡單單便成為另一個經活化後的西區地標。到訪時是白天，劇院及餐廳尚未開始營業，看見木吧檯和牆壁上貼滿的觀眾相片，不難猜想這裡晚上必定熱鬧非常。

INFO
網址 ｜ www.schauspielhaus.ch 及 www.lasalle-restaurant.ch
地址 ｜ Schiffbaustrasse 6, 8005 Zurich

第 3 站　啤酒廠化身成藝術展館

　　最後，不要忘了 Dammweg 站旁邊還有一座紅磚建築物，十分醒目，原是過百年的盧雲堡啤酒廠房，現已改造成 Kunsthalle Zürich，內有當代藝術展館 Lowenbrau-Areal，常有精彩的展覽，可惜當天休館，無緣入內參觀。

INFO
網址 ｜ kunsthallezurich.ch
地址 ｜ Lowenbrau-Areal, Limmatstrasse 268, Zurich
時間 ｜ 周二、三及五 11am ～ 6pm，周四 11am ～ 8pm，
　　　　周六及日 10am ～ 5pm，周一休館。

享受夏日的好地方

瑞士不靠海，卻擁有許多碧綠清澈的湖泊和河流，當地人最愛結伴去那兒享受日光浴和暢泳。蘇黎世有一條貫穿市中心的利馬特河（Limmat），我們搭電車在 Dammweg 站前的 Limmatplatz 站下車，走到附近的一座橋上，看到這幅瑞士人在河畔享受夏日的美景。這裡稱為 Flussbad Oberer Letten，為市內很受歡迎的天然「游泳池」，假日時十分擠擁，又常常舉行大型水上活動，好不熱鬧！

第 4 站　舊貨櫃疊成的巨型裝置藝術

　　瑞士環保袋品牌 FREITAG，以環保回收的概念所設計出的每個袋子都是獨一無二的，這裡要介紹的是其蘇黎世旗艦店，雖說是旗艦店卻一點也沾不上「豪裝奢華」，而是完全忠於其品牌理念，這是一棟以 19 個回收的舊貨櫃疊成的九層高建築物。

成為設計及建築界的話題

　　在我倆眼中，這豈止是一間商店，它徹頭徹尾是一座富有環保精神、又具有實際功能（出售商品）的巨型裝置藝術作品，再加上落腳於宣揚環保的西區，真是完美的組合，難怪它成為這區最著名的地標，更在設計及建築界成為話題。

每一個包包都是經典的限量款

　　FREITAG 是由 Markus Freitag 和 Daniel Freitag 兩兄弟於 1993 年創立，推行「From Truck Till Bag」計劃，將覆蓋貨車的防水帆布作為材質，搭配汽車安全帶作為背帶，製造出充滿工業味道又色彩奪目的防水袋，特性是每一個包包都是「世上獨一」。德文的 FREITAG 是星期五的意思，所以FREITAG 包常被稱作「星期五包」。

　　旗艦店建於 2006 年，運用 19 個資源回收的生鏽貨櫃，堆疊成這座九層樓高的大樓，一至四層是店面，販售郵差包、後背包、平板包、托特包等，想找最新款當然要來這裡！當逛完了第四層後，心裡不禁好奇，還可以繼續逛上去嗎？

免費的觀景台

　　原來上面還有驚喜之處！蘇黎世市內有兩個地勢高又免費的地方，可以一望無際地欣賞城市景色，第一個位於舊城區內（P.46），另一個就是這座大樓的頂樓。遊客即使不買任何東西，也可以隨意走到頂樓的觀景台，廣闊的西區城市景色盡在眼前！

一見鐘情、天天都背著它

Erica 背的黃色 FREITAG 袋有多種背法，就在逛旗艦店那天遇上，一見鐘情便馬上買下來；整段旅程、甚至直到一年後此書快將完成之際，幾乎天天背著它！（右圖攝於馬特洪峰地區健行時）

（右）260 瑞郎
（左）220 瑞郎

FREITAG 包之誕生

採用的是從貨櫃上「退休」下來的防水布料，用天然雨水清洗後，再由設計師根據獨特眼光選出合適的部分，製作出每一款獨一無二的包包。（官方照片）

由 19 個回收的舊貨櫃疊成
九層高 FREITAG 旗艦店

頂樓的觀景台，景觀一流。

從五樓開始就沒有職員，訪客
需自行走上去，設有緊急電話。

入口

一樓的販售區

一至四樓有落地玻璃窗，可欣賞四周的景色。

FREITAG 旗艦店

網址｜ www.freitag.ch

地址｜ Geroldstrasse 17, 8005 Zurich

時間｜ 周一至五 10:30am ～ 7pm，周六 10am ～ 6pm，周日休館。

交通｜ 從蘇黎世中央火車站搭乘 S3、S5、S6、S9 等火車前往，2 分鐘後可抵 Hardbrucke 火車站，
出了月台往下走，經過地下道後右轉，就會看到貨櫃屋旗艦店囉！

慢遊蘇黎世西區的地圖

利馬特河

在中央火車站搭 4 或 13 號電車，約 10 多分鐘可抵。

往蘇黎世火車站

1. 電車站 Limmatplatz。2. 在橋上看到市內的戲水處 Flussbad Oberer Letten。3. 電車站 Dammweg。4. 當代藝術展館 Kunsthalle Zurich。5. Im Viadukt，兩道橋在這裡交接後組成一座上下兩道火車軌的橋，通往至中央火車站。6. 瑞士環保袋品牌 FREITAG 旗艦店及周邊充滿特色的地方。

Mobel 二手傢品店

擺放了許多大大小小的「寶物」，找找看，說不定可以滿載而歸！

黃昏才開始營業的餐廳，再晚一點便搖身一變為夜店，非常熱鬧！

旗艦店旁邊由幾家小商店及咖啡店聚集而成的 Frau Gerolds Garten，同樣使用回收物料佈置而成的休閒小天地，電源則是由屋頂裝置的太陽能電池板所提供。

7. 火車站 Zurich Hardbrucke，下一個站便是蘇黎世中央火車站。8. Prime Tower 為市內最高的建築物，不過對於香港或台灣人來說，只是普通高度而已；仔細想想，如果這裡出現一棟超過 50 層的高樓，就會完全破壞了這裡的景色，千萬不要喔！Prime Tower 的一樓有超市，我們習慣逛完才回去。9. 巨型造船廠劇院 Schiffbau。10. 蘇黎世西區的 IBIS，網址 www.ibis.com。11. 電車站 Technopark，就在 IBIS 的門口旁，到蘇黎世中央火車站也只要 10 分鐘。12. 這一區好幾間餐廳在 tripadvisor 都有不錯的評價，雖不像舊城區的一些百年老店有經典美食，但這間 les halles 走大眾親民風，提供食物選擇多元化，氣氛熱鬧，可在這裡高高興興地品嚐美食，網址：les-halles.ch。

🧳 我們的住宿規劃

這次瑞士之行的住宿策略是先平淡、後享受。在前四個城市（蘇黎世、琉森、盧加諾及庫爾），我們住的是連鎖式平價旅館 IBIS，房間坪數小，基本設備齊全，每晚價錢平均約 100 瑞郎（含早餐），以當地物價來說，算是較便宜的。

這四間 IBIS，位置都不在舊城區，而是位於新興發展的區域，優點是十分接近巴士或電車站，且班次多，基本上只需十多分鐘，就能到達熱鬧人多的觀光區。如果選擇舊城區，100 瑞郎就只能找到更小或設備不太好的房間。

平淡過後，精彩留在最後三個住宿的地方，策馬特、蒙投及格林德瓦，平均每晚超過 200 瑞郎，經過事前充分的調查，確保入住的都有著美麗又大的窗景，結果三個地方都很滿意，而 Jackman 在策馬特旅館的房間畫下的窗景畫，更是旅程中最滿意作品之一！

蘇黎世西區的 IBIS，離開的早上在房間內完成的速寫，對面是一間小小的教堂。

細味蘇黎世舊城之古韻

從發展角度來看，蘇黎世市分為新、舊城，前篇已提過新城區的環保一面，接下來回到中世紀時期開始建設的舊城區。

舊城區的範圍不大，用慢步的方法便可以走完。此區由利馬河（Limnat）貫通，劃分為東西兩岸，大教堂（Grossmünster）、聖母教堂（Fraumünster）及聖彼得教堂（Kirche St. Peter）是重要地標，三座並立，構成蘇黎世市中心的美景。

從中央火車站正門走出去，那就是西岸，一直沿著車站大街（Bahnhofstrasse），橫過大教堂橋（Munsterbrücke）後便進入東岸，那裡有大學、窄小的街道、擁擠的酒吧和老店，繞一圈再返回火車站，就是舊城區的經典散策。

遠離人潮的寧靜寫意河畔

對於車站大街上的名店、百貨公司興趣不大的我們，直接穿過行人熙來攘往的大道，走到蜿蜒的小巷中，繼而來到利馬河河畔，河水明淨碧綠、閃閃發光，讓我們充份感受當地閒適寫意的生活氣氛。觸目所見，外國遊客不多，據說不論早上或黃昏，都只有來慢步偷閒的當地人。這裡與大街上的商店及咖啡店等悉數被遊人佔據的情形，真有雲泥之別，我們很感恩能找到蘇黎世的另一道好風景。

登上小丘欣賞最佳角度的舊城好風光

穿過河邊的小路緩緩上去，來到舊城區的最佳景點——林登霍夫山丘（Lindenhof），過去是羅馬時代的關卡，目前還保留城牆遺跡，是眺望舊城區東岸及利馬河的好地方。右頁的畫就是繪於此處，一片舊城區的好風光。畫中的焦點就是大教堂的雙塔。此外，山坡的左邊還有瑞士最有名的兩所大學，蘇黎世聯邦理工學院（The Swiss Federal Institute of Technology）和蘇黎世大學（The University of Zurich），天才愛因斯坦就是在前者畢業，然後在後者拿到博士學位，兩所大學的校園相鄰。至於瑞士首都伯恩（Bern）則有愛因斯坦故居及博物館（附於伯恩歷史博物館之內），收藏及展品十分豐富。

天色美好的一天，在林登霍夫山丘眺望到的景色份外宜人。

蘇黎世舊城 Zurich old town

慢遊蘇黎世舊城區的地圖

車站大街 |

前身是舊城牆，直至 1867 年才拆卸改建為大街。

蘇黎世中央火車站

Heimaterk| 專賣瑞士品牌的設計產品，旁邊走下去，便可沿河畔散步。

利馬河河畔 |

這兒是林登霍夫山丘之外，第二個我們最愛的地方，Jackman 趁機把一片寧靜又寫意的景色畫下來。

舊城最佳景觀 | 林登霍夫山丘

蘇黎世新城區

蘇黎世大學及
蘇黎世聯邦理工學院

利馬河（Limnat）

舊城店東岸
聚集多間特色小店

Google 地圖

蘇黎世舊城 Zurich old town

5 彎曲狹窄的舊城小巷 |

從林登霍夫山丘徐徐走下去，在窄窄的小路上，視線兩旁的房子不斷向下移動，此時在小路盡頭的上方，便發現兩座高高的建築物打破原本的視線角度，因而形成「高高低低的線條」的畫面，充滿跳躍感。原來前方是聖彼得教堂，後者就是聖母教堂。

（左）**聖彼得教堂 |** 是蘇黎世最古老的教區教堂，建於西元 800 年前。最引人注目的是鐘塔上直徑長達 8.7 公尺的鐘面，為全歐洲之最。

（中）**聖母教堂 |** 有著高聳細尖塔，隔著利馬河與大教堂相對望著。

（右）**大教堂的雙塔 |** 在利馬河畔佇立著，是瑞士最大的羅馬式教堂，據說最早部分建成於 11 至 12 世紀。

派拉德廣場（Paradeplatz） | 是瑞士最著名的廣場之一，瑞士最大的兩間銀行集團 UBS 及瑞信（Credit Suisse）的總部均設於此，附近遍佈保險公司、證券交易所等。

大教堂橋 | 河上的一座重要橋樑，也是欣賞舊城區景色的好地方。

1 氣氛熱鬧的軍火庫餐廳
2 瑞士最古老的咖啡廳
3 歐洲最古老的摩登素食餐廳
　三間皆是百年老店，詳細介紹請見後頁。

蘇黎世百年老店巡禮

 氣氛熱鬧的軍火庫餐廳

在蘇黎世舊城區散步，除了參觀歷史古蹟外，吃在百年老店更是不可錯過。這間位在 Paradplatz 廣場附近的百年老餐廳，建築本身已超過五百年，建於 1487 年作為軍械庫之用，直至 1927 年才改建為餐廳，餐廳內部還保留當時的牆面和樑柱，牆壁上展示著許多中古世紀的盔甲和槍械等裝飾品，甚有特色！

餐廳以提供道地的瑞士鄉村料理為主，即偏向德國味道，因為這裡是德語區，以不同烤製方法、各種味道的香腸，使用多種香料醃製的巨型豬腳，還有濃淡不同層次的啤酒，都是這裡的主打。由於被不少旅遊書介紹過，因此經常座無虛席，我們在旅行第一天來訪，並沒有事先預約，幸好當天有些微雨，等了一會兒便可以入座。特別喜歡內部的軍事裝潢和寬敞明亮感，氣氛輕鬆熱鬧，大家看起來都在開心地品嚐中。

環顧四周桌上，每份料理都份量十足，我們點了兩個招牌菜餚，一個是蘇黎世牛肉片，以上等小牛肉片及蘑菇，配上香醇的白葡萄酒和奶油醬，價錢是 34.5 瑞郎。另一道是香炒小牛肝，一份有 180 克，配菜除了一般的沙拉、薯條外，瑞士人最常吃就是香煎馬鈴薯餅，所以也來了一份，價錢為 31.2 瑞郎。

還有另一個招牌菜市長寶劍（Mayor's sword），我們沒有點，即是超長的小牛肉香腸（400 克），由於份量實在驚人，只適合一群人分享。來到蘇黎世旅遊，又想體會瑞士料理，不妨試試這間吧，最後，它還有提供中文菜單！

蘇黎世牛肉片

香炒小牛肝

INFO

網站 | www.zeughauskeller.ch

地址 | Bahnhofstrasse 28A, 8001 Zurich

交通 | 在蘇黎世火車站前搭乘 7 號電車，於 Paradplatz 站下車，餐廳就在馬路對面的站牌旁。

🧳 以甜點和熱巧克力聞名的瑞士最古老咖啡廳

如果只看平凡無奇的外觀，絕對猜測不到 Peclard 餐廳裡竟是別有洞天，一進店內，那充滿童話感覺的設計及古董收銀機，已告訴我們這家店的建造獨特性。根據 New York Times 的報導，1875 年第一代經營者在這棟 1314 年的老建築開設甜點店，聽聞喬伊斯（James Joyce）、列寧（Lenin）、赫塞（Hermann Hesse）等曾都是座上貴賓。直到 2007 年，才被知名的蘇黎世巧克力品牌 Teuscher 接手經營。目前供應蛋糕、法式馬卡龍、巧克力、餅乾，以及全城有名用瑞士頂級 Suchard 巧克力製作的熱巧克力（左上圖）。

古董收銀機

網址 | peclard-zurich.ch

地址 | Napfgasse 4 CH-8001 Zurich

🧳 歐洲最古老的摩登素食餐廳

最後一間我們在舊城區探索的百年美食老店是「Hiltl」，非常特別，從其相當現代摩登的外觀，想像不到它竟然是有 112 年歷史的「素食餐廳」；據《Guinness》一書的介紹，這裡是歐洲第一家素食餐廳。Hiltl 的地下室為廚房，非常乾淨，透明的玻璃窗裝潢，讓客人可以清楚看到食材是如何準備；一樓有自助吧和吧檯，是這裡最受歡迎的區域；二樓則是正式餐廳，右圖就是我們當天兩份新鮮、健康又美味的素食主餐。

餐廳幾乎天天都是早上 6 點開始營業，直至午夜 12 點才關門，可見其受歡迎程度！

網址 | www.hiltl.ch

地址 | BSihlstrasse 28, 8001 Zurich

Schaffhausen 沙夫豪森

來欣賞有錢人家的象徵：凸肚窗和濕壁畫

沙夫豪森（Schaffhausen）位於瑞士最北部，十分接近德國（開車的話往北開 20 公里就能跨越邊境抵達德國），也是萊恩河畔上其中一個著名的小城鎮；它的興起與萊茵瀑布（Rheinfall）有莫大關連，話說昔日商船常因為無法通過瀑布的巨大激流，而轉移駛到這裡停泊休息，因此讓小鎮逐漸繁榮起來。從蘇黎世坐火車出發，只要 1 小時，「古鎮散策＋坐船遊萊茵瀑布」就成為許多到訪蘇黎世旅客的「日歸小旅行」之好選擇！

首先要說明，萊茵瀑布和沙夫豪森是兩個地方，從蘇黎世來的話，會先經過前者，才到達後者；兩地很接近，無論是坐火車或巴士只需 10 分鐘，步行估計需要半小時。至於先去哪一個地方較好，我想應該沒有太大分別，小鎮是我們的第一站，只因抵達的時候已接近中午，萊茵瀑布附近的餐廳比較少，加上遊客甚多，所以我們決定先在小鎮上找家特色餐廳，吃過午餐才展開行程。

有錢人的象徵：171 個凸肚窗

步出火車站，進入 Vorstadt 大街，已算進入了古城的主要街道，在這範圍內是禁止行駛車輛的（瑞士大部分的古城區都禁行車輛），能讓大家輕鬆散步。走著走著，觀看著這些建於文藝復興時期的小鎮房子，就可以得知這裡的特色，牆上有多彩多姿的濕壁畫和 171 個凸肚窗，讓人目不暇給。據說昔日凸肚窗是富豪的地位象徵，有錢人通常會在自家打造一個凸肚窗，才顯得有錢有地位，而沒錢的就是一般的窗戶。

濕壁畫之最：騎士之屋

多間房屋上的濕壁畫，以在 Vordergasse 街上的騎士之屋（Haus zum Ritter）最富盛名。共五層的 Haus zum Ritter（德文的 Hauz=house= 房子，而 Ritter =rider/knight= 騎士）建於 1566 年，是為了騎士 Hans von Waldkirch 所搭建。牆上的濕壁畫由當地著名畫家 Tobias Stimmer 花了兩年時間，在 1570 年完成，題材則是來自神話傳說與羅馬史。目前所看到的為修復品，真跡在 1935 年被移至萬聖教堂博物館內保存展示。

騎士之屋 Haus zum Ritter

騎士之屋的特寫

畫滿了以希臘羅馬神話及歷史故事為題材的濕壁畫，於 1570 年完成，以讚揚中古騎士之美德的壁畫，在陽光的折射下，更增添不朽傳世之美。

各式爭奇鬥艷的凸肚窗

為了誇耀自己財力，各家主人對於凸窗的建造，自然是極盡舖張之能，據說富豪之間還會舉辦比賽來爭個高下。

登堡壘眺望整個古鎮和蜿蜒的萊茵河

　　觀賞騎士之屋後，我們步行至 16 世紀的梅諾（Munot）堡壘，就在附近的葡萄園小丘上，有座高高的瞭望台與圓形堡壘，它不只是古鎮，甚至是全市的重要地標。根據記載，1098 年這裡已建有一座瞭望塔，直至 1565 至 1585 年間，才建成現在的梅諾。

　　登上梅諾的小路，被一大片即將收割的葡萄樹所包圍，我們慢慢爬上去，不忘回頭看看，整個沙夫豪森的景致慢慢隨著高度的爬升，而在眼前伸展開來。梅諾可免費參觀，內部的第一層是由九大支石柱支撐起來的拱頂，並由幾個天井照亮整個內部。我們沿著旋轉樓梯繼續爬三、四層，到頂層廣場就可以 360 度眺望古城的美景，一覽無遺！從 1377 年開始，便有守衛當值及居住在梅諾瞭望塔，而每晚 9 點敲響梅諾鐘（Munot bell）的傳統，至今依然維持不變。

瑞士共有 14 座城堡，梅諾是其中之一，最具代表性的是蒙投的西庸城堡（Chillon）；我們在坐巧克力列車時，也探訪了另一座格律耶爾城堡（Gruyere）。

登上梅諾的小路

梅諾內部

旋轉樓梯

瞭望塔

梅諾近觀

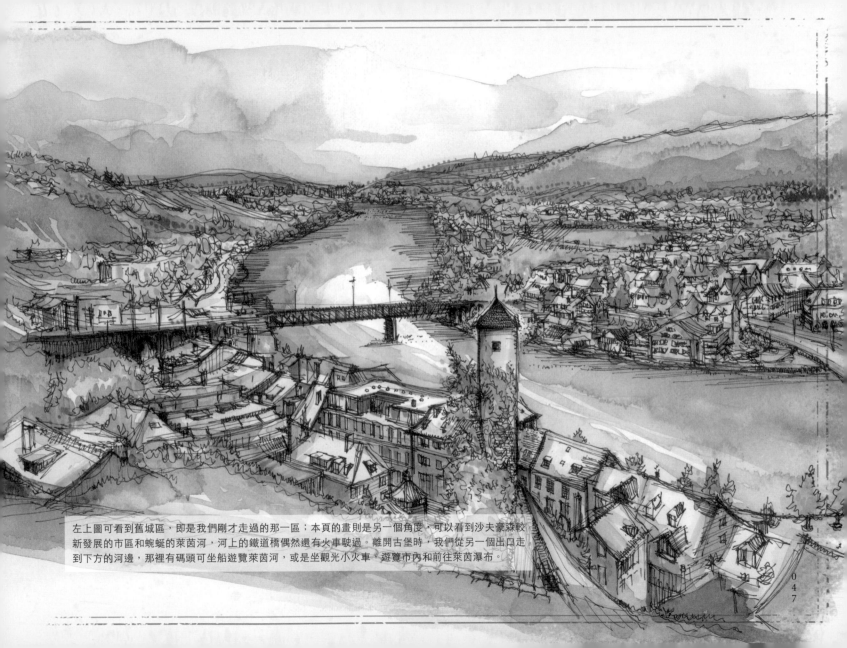

左上圖可看到舊城區，即是我們剛才走過的那一區；本頁的畫則是另一個角度，可以看到沙夫豪森較新發展的市區和蜿蜒的萊茵河，河上的鐵道橋偶然還有火車駛過。離開古堡時，我們從另一個出口走到下方的河邊，那裡有碼頭可坐船遊覽萊茵河，或是坐觀光小火車，遊覽市內和前往萊茵瀑布。

047

散發陣陣香味的小教堂

在梅諾觀景台看到整片的舊城景色，其中有座高高的建築格外引人注目，就是右圖中的聖約翰教堂（Kirche St. Johann）。它其實位於 Haus zum Ritter 與梅諾之間，這座清新的小教堂始建於西元 1000 年左右，後來在 1517 年擴建為五大殿堂，1990 年再進行過一次翻修工程。教堂是沙夫豪森最古老的羅馬式建築，但不是那種大型華麗又繁複的風格；輕推石門，步入內部，果然看不到任何金碧輝煌，但平實中又見莊嚴的氣息，卻讓我們的心靈一下子平靜下來；牆上掛有巨型管風琴，再閱讀手上的資料介紹，原來每 3 年舉辦一次的國際巴赫音樂節就在這裡舉行！

說到驚喜，就是教堂後院的香草花園，各種大大小小的香草植物散發著的清新又獨特的味道，立即有說不出的平和感受。

聖約翰教堂 Kirche St. Johann|

在梅諾頂層廣場看見的景致，磚紅色的傾斜屋頂在眼前櫛比鱗次地展開，讓整個心胸變得開闊起來。

慢遊沙夫豪森的地圖

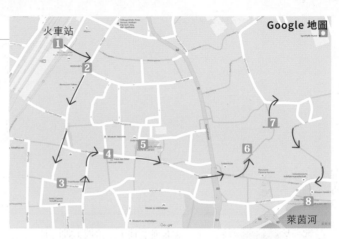

Google 地圖

火車站

萊茵河

Schaffhausen 火車站 |

Zurich HB → Schaffhausen
來往兩地有多種列車行走，包括 IR/ Re/ S9/ S33，持有
Swiss Travel Pass 可隨意搭乘，每小時共有 4 至 5 班，
只需 40 分鐘至 1 小時。

Vorstadt 大街 |

舊城區範圍，沒有車輛行走，可
以寫意地欣賞到美麗的凸肚窗和
濕壁畫。

Theater restaurants Schaffhausen|

面向一大片廣場，可以悠閒地品嚐以當地食材
製成的美食，料理品質很好，在 tripadvisor
上有四顆星的評價。中圖是一道「生牛肉」
料理，詳見 P.146。

沙夫豪森州的州章為一頭公羊，沙夫豪
森小鎮的最早歷史記載可回溯至 1045
年，當時名為 Villa Scafhusun，有小
船卸貨地或公羊城的意思。瑞士人的車
牌左邊就是刻上州章。

Haus zum Ritter　Kirche St. Johann 登上梅諾的入口

出發往萊茵瀑布 |

離開梅諾後，接著步行到碼頭，坐上觀光小火車前往萊
茵瀑布探險！旅客也可以步行回火車站，坐火車或 1 號
巴士到萊茵瀑布，車程只需 10 分鐘左右。

Rheinfall 萊茵瀑布 唯有坐上小船，才能如此深入觀賞、聆聽及感受歐洲最大瀑布

一靜一動，好個豐富旅程的一天。接續上篇，離開沙夫豪森，鏡頭一轉，從靜態地在小鎮上散步，轉移到充滿動感的小船裡，這一刻我們正身處於搖晃得厲害的小船上，乘風破浪駛往瀑布的中央，與電影場面暴風雨中的一艘小船沒有兩樣。越接近瀑布中央時，水流變得更湍急，激起一陣又一陣的白色浪花……我們終於能親近到這個歐洲最大、最壯觀的瀑布——萊茵瀑布！

萊茵瀑布的起源

在談萊茵瀑布的起源之前，必先說說萊茵河（Rhein），這條歐洲最長的河流之一，橫跨多個國家，其源頭就在瑞士中部的哥達山區；那裡有前萊茵河（Vorderrhein）與後萊茵河（Hinterrhein）兩條支流，匯合後往東北方向流去，在瑞、奧、德三國邊境形成一個大湖，就是著名的波登湖，隨後

河水往西奔騰，終於在沙夫豪森遇上斷層，形成20多公尺的落差，就是萊茵瀑布。磅礡氣勢的萊茵瀑布形成於16000年前，實際高度有23公尺，寬約150公尺。

瀑布之美在於潔淨的水

它的美，不在於湍急的水流或落差度，而是「潔淨的水」，無論坐船或在觀景台超近距離觀賞時，不難發現從高處衝下濺起的水花，都是潔淨無比的水流，呈半透明色，一點雜質污濁也沒有！我想，除了因為地理位置是上游之外，最重要的是瑞士人十分珍惜，致力用盡方法去維護水之潔淨。

想要見證最激烈澎湃的瀑布場面，自然是5、6月的初春融雪期，每秒流水量超過7百立方公尺，那是一年之中流水量最大的時候。其後，夏季每秒也有6百立方公尺，到了冬季便減至每秒250立方公尺。

欣賞瀑布上下方360度全景色

遊客雖然可以在兩岸遠觀瀑布，但絕對比不上搭乘觀光船，可以更深入地、以最近距離仔細觀賞、聆聽及感受；兩岸均有船站，共有5條航線，唯獨1號線（Trip to the rock）是直往瀑布中央，小船會先駛近瀑布，大家可以在最近距離觀看水流向下衝的激烈畫面，瀑布的隆隆巨響源源不絕從前方傳來，現場感十足。

接著，小船逐步緩緩向左移動，好不容易在瀑布中央的大岩石停下來，來到小船之旅最後高潮，旅客在窄小的階梯上小心翼翼拾級而上，當登上最高點，在紅白色瑞士國旗底下，便可以俯瞰到瀑布上下方的360度全景色，好不壯觀！

近距離觀賞壯觀的瀑布

當小船漸漸駛進瀑布中央的巨石，雖然經歷了長年累月的河水沖刷，依然傲然獨立；越接近越能感受到飄在空中的水花，船身也開始搖晃得厲害，心情不禁興奮又緊張起來⋯⋯

近距離觀賞瀑布的兩個方法，方法一是搭 1 號船登上瀑布中央大岩石頂端，置身在最高點俯瞰瀑布全景；方法二是進入勞芬城堡（Schloss Laufen）的觀景台，以超近距離目擊瀑布往下的澎湃氣勢場面，兩個方法都不可錯過！

Schloss Laufen

方法一：在岩石頂端往底下望去，小船在洪水濤濤之中，彷彿快被吞噬下去……

方法二：在 Schloss Laufen 裡，我們站在半懸空的平台上，飄揚在空中的水花更多更密集，根本就像在洗臉，十分有臨場感！

慢遊萊茵瀑布的地圖

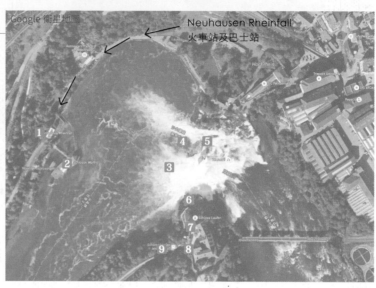

Google 衛星地圖

Neuhausen Rheinfall
火車站及巴士站

從 Neuhausen Rheinfall 火車站及巴士站走至碼頭，約需 10 分鐘。
從 Schaffhausen 搭觀光小火車可直接來到碼頭，趁還未上船，把握
時間速寫一下，並在觀光中心跟當地人分享作品。

Schlossli Worth|
前身是小城堡，現為餐
廳，可邊用餐邊欣賞瀑
布，也是上船的地方。

不同路線的組合，
需要好好考慮喔！

主要遊湖路線|

路線 1：前往瀑布中央的岩石（每隔 20 分鐘一班）

路線 2：兩岸往返（約 5 分鐘一班）

路線 C：往返兩岸及進入 Schloss Laufen（約 5 分鐘一班，費用包
　　　　含進入 Schloss Laufen 及使用電梯）

路線 4：瀑布及萊茵河的短線之旅（15 分鐘一班）

路線 5：瀑布及萊茵河的長線之旅，附有語音導覽

路線 1+ C +4：全線的遊河行程（費用包括路線 2 的來回票）

以上價錢均由數塊到 10 多塊錢瑞朗不等。

小船最接近瀑布的位置及距離。

階梯陡斜又窄小，上去及下 岩石頂端 | 看到瀑布上方的壯觀景色。
來的人要擠一下才能通過。

電梯 | 身後就是電
梯，可升到地面。

離開前，不妨看看萊茵
河的資料介紹看板。

步行出去便是 Schloss Laufen am Rheinfall 火車
站，非常方便，我們回去蘇黎世市囉！

交通攻略

1. Zurich HB → Neuhausen Rheinfall 搭 S9，每小
   時一班。

2. Zurich HB → Schloss Laufen am Rheinfall 可搭
   IR/ Re/ S12/ S33，每小時有 4 至 5 班。

3. Schaffhausen → Neuhausen Rheinfall 搭 S9/
   S22，每半小時一班，車程 5 分鐘。或搭巴士 1 號
   至 Neuhausen Zentrum 站下車，車程 10 分鐘，
   再依路標走到碼頭，約 10 分鐘。

4. Schaffhausen → Schloss Laufen am Rheinfall
   搭 S33，每半小時一班，車程 5 分鐘。或巴士 634
   號，每小時一班，車程 30 分鐘。

Schloss Laufen |
門票是 5 瑞郎，需額
外購買。

Schloss Laufen 觀景台 |
如此近距離，額外付錢也值
得！門票包含了博物館門票
及使用電梯。

博物館 | 認識萊茵瀑布的好地方。這裡還有
YHA，喜歡住 hostel 的朋友不妨考慮一下！

「逛超市」是我們到任何一國家或城市旅遊，都一定會做的愉快事情。COOP 和 Migros 是瑞士兩大連鎖超市，在大城、小鎮幾乎都可找到的它們的踪影。更讓人驚喜的是，就連在蘇黎世國際機場的購物中心內也有這兩家超市，而且每天從早上 6 點營業到晚上 11 點，無論是清晨剛剛抵達、或是準備搭夜機離開，在物價並不便宜的機場購物中心裡，它們的出現簡直讓人眼前一亮，而且超市更是搜羅伴手禮的最佳地點，道地又實惠！

Migros 較本土化、COOP 較國際化

兩家的貨品、價錢等等有何分別？瑞士人會告訴你：Migros 較本土化、COOP 較國際化。Migros 賣的商品大部分都是自家品牌，由 Migros 旗下的子公司所生產，瑞士人覺得自產自銷品質更有保證。另外要注意的是，Migros 為了國民健康，從來不賣煙酒；而 COOP 的品牌選擇則較多樣化，也有較多進口品牌。在價位方面兩家店其實都差不多，只要在住宿的地點周邊、景點附近有哪一家就去那一家吧！

旅程中，我們遇見 COOP 較多，所以直接跟大家分享這家的資料。各地的 COOP 超市營業時間都不太一樣（Migros 也是如此），像城市和鄉下、不同旅遊區就不同，一般來說是早上 8 點到晚

上 7 點，周四會晚一點，營業到 9 點左右，周六又會提前到下午 5 點打烊，周日和其他商店一樣公休。只有極少數的分店，例如蘇黎世機場，或大城市的中央火車站才會天天營業，星期天也能逛超市……在歐洲，這是多麼值得感恩的事啊！

迅速找到超市的位置及營業時間

如何找到超市的位置及營業時間，介紹一個比在官網搜尋更方便的方法，就是用 Google Map，只要把地圖放大一點，商店、車站和超市等資訊都會馬上浮現，再按一下標記，便能看到地址、營業時間等，一目了然！也可以下載 COOP 的手機 APP，直接告訴你最靠近的超市位置和商品優惠資訊。

用 Google Map 找出蘇黎世中央火車站內的超市位置

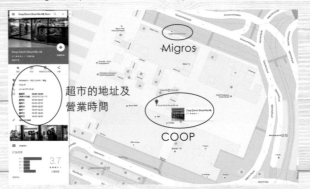

超市的地址及營業時間

COOP：Interlaken OST 火車站旁邊

COOP：Grindelwald 大街

COOP：Zermatt 大街

Migros：Zurich 機場

COOP City：Luzern 舊城區

COOP 在主要車站的分佈｜

1. 蘇黎世火車站：05/07：00 ～ 22：00，天天營業。

2. 蘇黎世機場：06：00 ～ 23：00，天天營業。

3. 琉森火車站：06/07：00 ～ 22：00，天天營業。

4. 琉森舊城區的 COOP City（結合百貨公司與超市）：08/09：00 ～ 16：30/21：00，周日休息；可看到瑞士人各式各樣的生活用品，不買也要逛一逛。

5. 盧加諾舊城區有 COOP City：08：00 ～ 19：00/21：00，周日休息。

6. 蒙投火車站旁的 COOP Pronto（類似便利商店）：06/07：00 ～ 20：00，天天營業。

7. 庫爾火車站的 COOP Pronto：05：00 ～ 24：00，天天營業。

8. 策馬特大街：08：00 ～ 20：00，天天營業。

9. 因特拉肯 OST 火車站旁邊：08：00 ～ 19：00/21：00，是一間兩層高、很大的 COOP，不過周日休息；而在火車站內則有一間很小、類似便利店；天天營業。

10. 少女峰地區的三個主要小鎮格林德瓦、溫根及勞特布龍嫩各有一間：08：00 ～ 17：00/18：30，周日休息。

最搶手的熱食：烤雞

　　有時候不想在餐廳用餐，如果住宿的地方可以煮食，我們會在超市買簡單食材回去料理，就算飯店不能下廚，在超市裡也能找到現成的食材組合成豐富晚餐。部分 COOP 附設了大型的烤箱，熱騰騰香噴噴的烤雞、烤香腸等定時出爐，出爐後會一直保溫，價錢按重量計算，一份烤雞腿約 3 至 4 瑞郎，一隻烤雞約 10 至 12 瑞郎，比起在餐廳用餐，完全是價廉物美的選擇，因此 COOP 裡的熱烤料理永遠都是人氣商品，例如在少女峰區的格林德瓦，鎮上 COOP 的烤雞在下午 3 點以前便會全部賣完。

火腿（10 瑞郎左右）

在超市採購一日三餐

　　價格平實近人的麵包、火腿、烤雞、蔬果、三明治、Movenpick 冰淇淋、甜點、新鮮水果、罐頭水果、餅乾、零食、氣泡水、Rivella（瑞士國民飲料）、啤酒、紅酒等都成了我們的三餐。

烤雞架上還有販售小包裝的番茄醬（0.7 瑞郎），在麥當勞等速食店都需要額外花錢購買。

瑞士製的薯片（2.9 瑞郎）

Rivella（1.3 瑞郎）

家庭裝 Movenpick（10.75 瑞郎）

一包共有兩份烤雞腿（7.15 瑞郎）

抵達 Grindelwald 已是下午 3 點多，還沒吃中餐的我們決定去逛旅館附近的超市「補給站」，輕鬆地在房間品嚐「超市美食饗宴」。

新鮮小蕃茄（1.95 瑞郎）　鳳梨罐頭（2.9 瑞郎）

烤肉小攤

蜜桃罐頭（2.3 瑞郎）

超市小知識：每一種蔬菜都有編碼，在自助電子計重器輸入，便可計算出價錢，很方便！

健行結束回到格林德瓦，剛好鎮上有嘉年華會，就在路邊攤買了一份烤肉和香腸，搭配麵包，共 17 瑞郎。這樣東併西併、簡單方便又可成為我們的晚餐。

在瑞士吃泡麵

　　不少人到歐洲旅行都自備泡麵，記得注意含有肉成份的泡麵是不可進入瑞士，雖然海關甚少會檢查行李箱，但這樣做也不應該。在 COOP 可以買到兩款韓國的「辛拉麵」，價錢為 1.95 及 2.95 瑞郎，這應該也是深受瑞士人或各地遊客喜歡的異國料理吧，因為除了超市有大量貨源外，在少女峰觀景台自助餐廳，也是唯一販售的泡麵呢！

血拼瑞士各種品牌的巧克力

好幾個瑞士品牌巧克力及餅乾，諸如 Lindt、Villars、Frey、Caillers、Toblerone、Wernli、Kambly 等在超市都可以大量入貨，當作伴手禮最好不過。各種尺寸的紙盒、鐵罐等任你挑選，Caillers 鐵盒裝的懷舊風插畫可愛又精緻，價錢雖然貴一點（每盒 18.95 瑞郎），但為了收藏漂亮的鐵盒還是值得的！

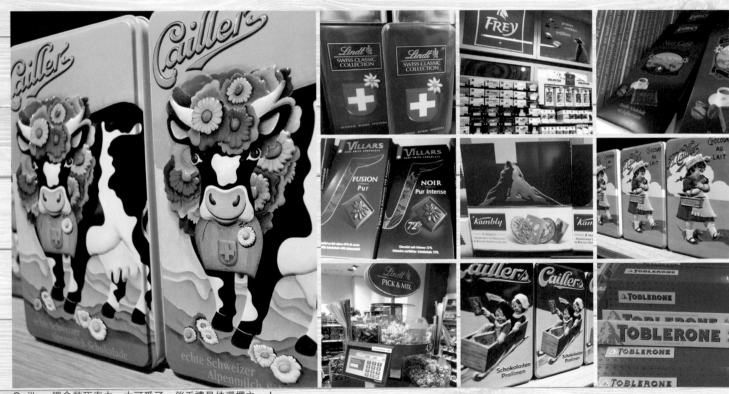

Caillers 鐵盒裝巧克力，太可愛了，伴手禮最佳選擇之一！

一邊欣賞瑞士名峰：艾格峰，一邊喝著冰涼的瑞士啤酒。

喝盡瑞士各地啤酒，大滿足！

「瑞士的水質好，啤酒也一定好喝！」這句話 Jackman 常常掛在口邊，於是天天在喝，午餐在喝、寫生在喝、晚餐也在喝……

常見的瑞士兩大品牌啤酒 Feldschlosschen 和 Cardinal，每罐容量 500ml 為 1 至 2 瑞郎左右。瑞士不同的地區，都有不同特色的「在地啤酒」，左下角是只在策馬特地區才喝得到的「Zermatt beer」，於 2015 年開始大量釀製，紀念第一次成功攀登馬特洪峰的 150 周年。啤酒採用山區內 13 個地方的純淨天然水，是一瓶充滿紀念價值的好啤酒！

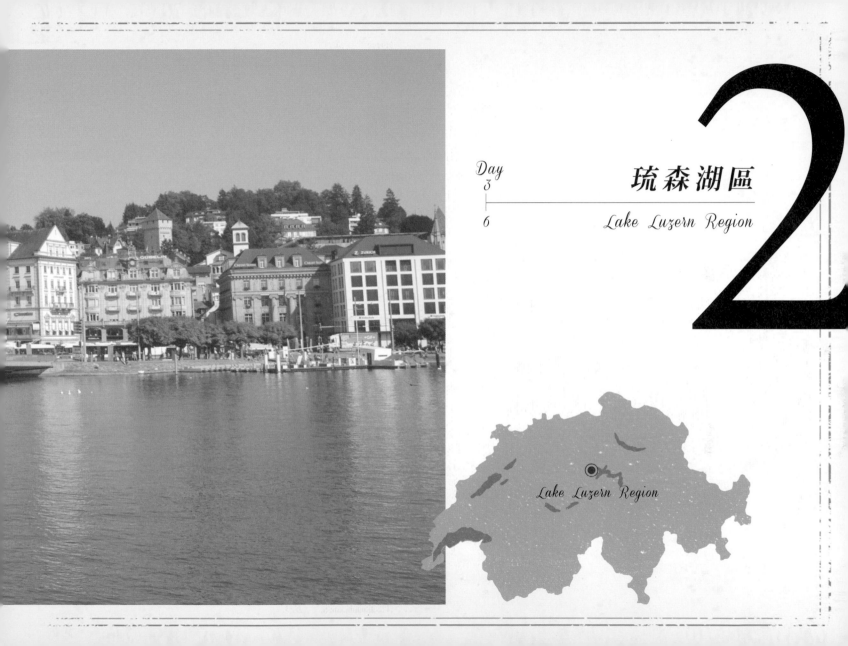

Day
3

6

琉森湖區

Lake Luzern Region

Lake Luzern Region

從古老木造廊橋開始慢遊琉森舊城

瑞士繪旅行的第二站——琉森（Luzern），位於瑞士中部，是個湖光山色相互映襯的美麗城市；從蘇黎世坐 IR 火車，只需 45 分鐘，來到行程的第三天，一切都很順利，不到 10 點就到達目的地。走出火車站正門，不用花腦筋去分辨，穿過舊火車站的遺跡後，映入眼簾便是秀麗動人的琉森湖。對岸的高高低低、充滿歷史感的建築物，配上在湖邊戲水的白天鵝，以及即將啟航的古典蒸汽遊船，構成一幅心動的畫面。朝向湖泊的遠處，仿似無盡的山巒起伏，幾條遊船輕盈地划過波光粼粼的水面，我們深深期待著接下來的幾天，將會有多次不同主題的遊船之旅！

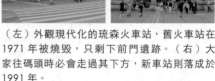

（左）外觀現代化的琉森火車站，舊火車站在 1971 年被燒毀，只剩下前門遺跡。（右）大家往碼頭時必會走過其下方，新車站則落成於 1991 年。

琉森舊城區很接近火車站，就是圍繞羅伊斯河（Reuss）的兩岸，範圍不大，必看的景點亦較為集中，即使是小朋友或長輩，用步行來往景點之間也沒有問題。

一群群旅客正登上蒸汽遊船，湖上有多條遊湖路線，長程或短程各有精彩！

🧳 琉森明信片中「永遠的主角」：卡佩爾木橋

卡佩爾木橋（Kapellbrucke），是琉森明信片的「永遠的主角」，也是最著名的地標；它跨越羅伊斯河兩岸，又接近湖泊的出口處，從碼頭往左邊走，一定不會錯過。這座廊橋於 1300 年為了防禦而開始建造，歷時 33 年才完成，全長 204 公尺，是全歐洲現存最古老的屋頂木橋。橋的北岸有一座聖彼德教堂（St. Peters-Kirche），那是後來重建的，原本的位置是在這座木橋附近。

木橋還有兩個特色，從 17 世紀開始，橋的橫樑掛上描繪著瑞士歷史故事、琉森的守護聖人的三角形版畫裝飾（如今真品保存在博物館），總共 120 幅。此外，橋樑中段的八角形水塔（Wasserturm），高 34 公尺，在 1300 年時被當作城牆的一部分使用，有一段時間還充當成監獄、拷問所、瞭望台或金庫。1993 年發生大火災，廊橋受到嚴重損毀，只剩下水塔未被破壞，於隔年才重建完工，耗資了 2 百萬美金，這樣我們才能繼續欣賞到這座木橋的古典美。

琉森與卡佩爾木橋 Luzern & Kapellbrucke

猜猜看？左圖及中圖分別是哪座橋？答案是左圖為卡佩爾木橋，中圖是斯普洛伊爾橋，兩者看起來十分相似，同樣掛有三角形的古畫，遊客走在其中，喜歡抬起頭來逐一欣賞；右圖則是斯普洛伊爾橋的外觀。

🧳 死亡之舞橋

在羅伊斯河上，還有另一座木造廊橋——斯普洛伊爾橋（Spreuerbrucke），再往上游走一點便可見到，雖然規模及名氣沒有卡佩爾木橋那麼大，但一樣有著獨特的歷史背景，建於 15 世紀為當時城市要塞的一部分。橋上同樣掛有多幅古畫，畫家 Kaspar Meglinger 畫了 67 幅「死亡之舞」的系列畫作，深刻描繪出中世紀黑死病流行時的慘況，仔細一看每幅畫都藏著一些代表惡魔和誘惑的骷髏，因此這座橋也被稱為「死亡之舞橋」，實在很難想像如今這麼美麗的城市，往昔曾被黑死病肆虐且死了很多人。此外，橋的旁邊還有一座堤壩（Nadelwehr），從右下圖可看到它正在運作中：它建於 1859 年，是利用插入式木板來調節河流水位的獨特系統，遊客可從提壩外的資料介紹看板，了解整個運作方式。

卡佩爾木橋上的花，每逢初夏，木橋外側就種滿了天竺葵，這天看到盛放的天竺葵，多麼漂亮！

舊城區的老房子

　　穿過死亡之舞橋後，便進入舊城區的核心範圍（中圖），沒有車輛行駛，這時可以在熱鬧的老街隨意遊走，遇上吸引自己的精品店、藝廊等便入內挖寶。一些老房子的外牆還漆上充滿故事性的美麗壁畫，讓你在購物之餘，增添另一種視覺樂趣。這區的石板路雖狹小、縱橫交錯，也用不著地圖，相信直覺，你一定可以輕易走出去或回到羅伊斯河河畔。對了，河邊有幾間不錯的餐廳（右圖），不妨看看菜單，挑一間坐下來，在河邊享受午餐吧！

　　在兩岸及木橋之間散步，遇上每月只舉行數次的河邊市集，水果、蔬菜、火腿、起司等都是來自當地的農場，看來十分新鮮又可口。最後，我們買了一些水果、起司和麵包當作早餐（左下圖），今天的意外收穫！

慢遊琉森舊城區的地圖

Google 地圖

舊城區的核心區

1. 琉森火車站。2. 舊火車站的前門。3. 碼頭。4. 連結兩岸的天橋，站在橋上可觀賞到左圖的畫面，我覺得這是琉森最美的構圖之一；也可以從這邊進入舊城區的核心區。5. 卡佩爾木橋。6. 河邊市集。7. 進入斯普洛伊爾橋，別忘了看看旁邊的堤壩。8. 進入舊城區的核心區，也是琉森最主要的購物中心，這裡沒有車子，有 COOP city 百貨公司及不同主題的特色小店，如果想要找尋令人驚喜的小店，這一區就是最好的選擇。

9. 坐在河畔的餐廳，享受午後時光。10. 湖邊山腳下的豪夫教堂（Hofkirche），沿著湖邊前行，就在路的盡頭，雙子塔很容易看見。建於 8 世紀的修道院毀於大火，到 17 世紀再重建，是瑞士最重要的文藝復興式教堂之一。外表看起來樸實無華，但教堂內卻是華麗無比，最具代表性的是金碧輝煌的瑪利亞祭壇，以及將近 5 千根管子的管風琴。11. 獅子紀念雕象（Lowendenkmal），這頭生命垂危的獅子被雕鑿在岩石上，位於冰河公園旁，是琉森的另一個象徵，也是瑞士最有名的紀念碑之一。垂死的獅子雕刻是為了紀念 1792 年，在巴黎為了保護法王路易 16 而殉難的 7 百多名瑞士雇傭兵。觀看豪夫教堂後，依地圖再走一段路便找到了；坦白說，到了現場才發現，雕像比原本想像的還要巨大，是一座充滿感染力的藝術作品！

遊覽琉森的重點

舊城區是前菜，接下來才是主菜：

1. 搭乘蒸汽船遊覽湖泊，欣賞如詩如畫的景色。
2. 登上琉森三大名山：皮拉圖斯山、鐵力士山和瑞吉山。
3. 瑞士交通博物館：瑞士最多人參觀的博物館，讓人喜出望外、充滿驚奇的地方。

Pilatus 皮拉圖斯山

沿著知名山水景觀路線登上琉森人的後花園

琉森的家山：皮拉圖斯山

山看起來尖尖突突的，事實上是由數座山峰組成：前有湖景，後有山峰，構成一幅美麗的畫面。
金色環遊是可飽覽美景的山水景觀路線，由琉森市啟程，走水路，舟行湖泊上，迎著微風，
陶醉在湖光山色中，一個多小時後可登岸，緊接搭乘世界上最陡的齒軌鐵道，登上山頂！

瑞士雖然是個「山國」，鐵路網卻相當先進，山雖多，但有各式登山交通代步，湖雖多，處處又有遊船可搭。因此，瑞士是個十分適合帶長輩和小孩同遊的國家。以琉森的三座名山為例，長輩和小孩都能輕鬆登上，從市內到真正踏到山頂上，也只要 1 小時左右。

三天遊覽三座名山，絕不後悔！

這三座由低至高排列的話，分別是瑞吉山（Rigi）、皮拉圖斯山（Pilatus）和鐵力士山（Titlis）。如果有三個整天的時間，應以它們為主軸，全都排進行程中，每天以登上一座山為首要目標，用上大半天享受山上的美景和健行，剩下的時間再安排市內的景點，這樣的規劃你絕對不會後悔！

琉森的家山

依地理位置來看，皮拉圖斯山最接近琉森市，所以也稱為「琉森的家山」；在琉森火車站前橫過人車兩用天橋，往對面的湖邊看過去，便可見到碼頭、火車站及一排排建築物後那座山勢陡峭的山峰，就是皮拉圖斯山了（左頁插圖），像是在默默守護著琉森這個美麗的城市一樣！

集合多種交通工具體驗的金色環遊

金色環遊（The Golden Route Trip）是遊覽皮拉圖斯山的知名山水景觀路線，以琉森碼頭為起點，第一站，搭上遊船飽覽湖泊風情，在 Alpnachstad 站下船；第二站，坐上登山齒輪火車緩緩登頂；第三站，在山上遊玩後搭纜車下山到 Kriens 站，最後搭公車返回市內。不坐船的話，也可以搭火車到 Alpnachstad 站，約 20 分鐘車程，那就稱為銀色環遊。

此外，也有遊客在旺季時，覺得會有太多人走「金色環遊」這熱門路線，便改逆向而走，先坐公車到 Kriens 站，然後坐纜車上山。若持有 Swiss Travel Pass，坐船、火車及公車都免費，兩種登山交通都可享半價。

遊湖時，一路上皮拉圖斯山聳立在眼前

先坐公車、還是坐船？我們就像大多數的遊客一樣，選擇先坐船穿越琉森湖，除了可以細細欣賞琉森湖的風光之外，一路上皮拉圖斯山始終聳立在眼前，可以從不同角度欣賞她的英姿，心情會多一點愉快、多一份期待！

往皮拉圖斯山的這一段遊船，使用 SwissTravel Pass 是免費的。碼頭位於琉森車站正門的前方。

天色陰暗，在沒有蔚藍的天空下出發，絲毫不影響悠閒愜意遊賞湖泊的好心情，感覺先坐船的決定是對的，關於在琉森湖泊遊船先在此收筆，因為這幾天中先後有幾次的坐船特別回憶，留待 P.100 再詳細分享。

談得投緣的瑞士朋友

大約 1 小時 10 分鐘的航程，我們抵達了 Alpnachstad，棄舟登岸後走一小段路便來到登山齒輪火車站，接待我們的皮拉圖斯山登山列車公司代表 Richter Colette 已在那裡。她是我們第一個談得投緣的當地人，這天之後我們還拜訪她的家，一起享用晚餐，過了一個愉快的晚上。

世界上最陡的登山齒軌鐵道

載我們登上山頂（Pilatus Kulm）的登山齒輪火車，非常知名，於 1889 年開始運行，迄今仍以 48% 的最大坡度，保持著「世界上最陡的齒軌登山鐵道」的稱號，平均坡度達到 38%，全線長 4.5 公里，攀登垂直距離 1629 公尺。以最大坡度 48 度來說，在當時

的技術是無法達到的，該線的工程師便開發出專門用於這條路線的平行雙齒輪構造，為工程學上大突破。

搭上世界最陡峭的登山齒輪火車，不少人喜歡坐在車廂的最尾，可以往下俯視山景和琉森湖景，不過，我們挑的是第一節車廂（司機正後方），想感受一下向上穿越山洞、往上不斷攀升的感覺。車廂一節一節各自獨立，共可載 40 人。

留意兩處坡度達 48% 的路段

車身為皮拉圖斯山一貫的經典大紅色，內部陳設看起來頗有歷史，連窗戶的把手都好復古。整段鐵路共有兩處達到最大坡度 48%，分別在開車不久及穿過最後一個隧道、快要登上山頂前，都標示在官方地圖上，坐車時邊拿著地圖對照，不禁再一次稱讚瑞士人蓋鐵路的功力實在太厲害了。

100 頭阿爾卑斯野山羊在山谷之中

從一開始的整片森林逐漸變成草地，接著是裸露的岩層，岩層中還有堅毅的小花冒出來，途中偶然還可見到牛群出沒，不時聽到清脆的牛鈴聲。說起動物，在山上的健行人士，最有機會遇上一群可愛的阿爾卑斯野山羊了。牠們在此棲息已超過 40 年，原來在 1961 年至 1969 年期間，一共在此放生了 19 頭野山羊，至今已繁衍超過 100 頭野山羊。

Tomlishorn（2132 公尺）

Oberhaupt（2106 公尺）

Hotel Pilatus-Kulm
（建於 1890 年）

數座山峰組成的皮拉圖斯山

　　列車爬過陡峭的岩壁登上山頂，皮拉圖斯山由數座山峰組成，最高的山峰為 Tomlishorn（2132 公尺），其餘為 Oberhaupt（2106 公尺）及 Esel（2119 公尺）。山上共有兩棟建築，連接車站的是 Hotel Bellevue，附設 360 度的觀景自助式餐廳，靠近 Esel。

　　另一邊是建於 1890 年的 Hotel Pilatus-Kulm，較靠近另外兩座山峰，興建時全依靠第一代蒸汽齒輪火車，從山腳運送工人及總數 9 百

第一代蒸汽齒輪火車（攝於旅館內）

噸的材料到山頂，所需的木材及石塊全部都取自此山中。旅館內有展出當時建築過程的文字及相片紀錄，很值得一看。

五條熱門步道

　　走到觀景台可以俯視更寬闊的全景，如果想觀賞更美的景色，便不可錯過探索步道，步道沿途及盡頭的景色相當獨特優美，山頂有五條熱門步道，可通往三座主峰頂端，各具特色，官方地圖上標示為 Path I-V，一般遊客都能自由選擇。

（左）從觀景台看下去，仍可觀賞到山谷美景，在天氣晴朗時，更可眺望到明鏡般的琉森湖。（中）眺望平台已被濃霧重重包圍，後方是 Oberhaupt，遊客可輕鬆行走 Path III 到頂端，不過在這情況下，根本看不到任何的景色。（右）我們站在前往 Tomlishorn 的步道入口，只好搖頭歎息放棄。

Hotel Pilatus-Kulm 旁邊的上行步道，便是 Path III，可直達 Oberhaupt 頂部，約步行 10 多分鐘，山頂的視野遼闊，沒有雲霧之時可看見遠方綿延的群峰。如果時間充裕，更建議要行走 Path V，可前往 Tomlishorn，來回約 2 小時，這條步道的視野最好，一邊是斷崖，但沒有任何危險，是此山的賣點之一。說完上行，還有 10 條下行步道，可充份感受山林體驗，8 號及 9 號步道就是從不同方向從山頂走回到 Alpnachstad，約 5 小時，我們坐齒輪火車上山時，便遇到一些人在走 8 號步道。

山頂被濃霧覆蓋

這幾條熱門的步道都是我們行程的重點，可惜天公不作美，整個山頂都被濃霧覆蓋，能見度相當低，在伸手不見五指的情況下，走在沒有圍欄的步道上，驚心動魄的氣氛必定到達極點。一心期盼著在餐廳慢慢地品嚐午餐後，濃霧應會散去，豈料壞天氣變本加厲，最終只好帶著不捨的無奈心情下山去。

女王餐廳

我們的午餐在百年旅店 Hotel Pilatus-Kulm 內的 Restaurant Queen Victoria 享用。話說，19 世紀開始已有多位名人登頂，這間富麗堂皇的餐廳，就是紀念 1868 年騎馬登頂的英國維多利亞女王，她在其日記裡寫到：「這是她最愉快的一天！」

火龍之山

　　揮之不去的濃霧打亂了健行計劃，幸好還有一條稱為龍道（Drachenweg）的岩洞隧道，屬於 Path II 的一段，就是將 Oberhaupt 這座山峰的岩壁中鑿出一條岩石隧道，沒有濃霧時走在隧道中，可透過一個個洞眼從不同角度瀏覽四周的湖泊群山。左上圖就是站在觀景台看到的岩洞隧道。

　　皮拉圖斯山，就是一座具有神祕色彩及許多傳說故事的山峰，除了「琉森人的後花園」，也被稱為「天氣的製造者」、「龍的巢穴」、「巨人的家園」、「統治者的墓穴」等，源自多個傳說；最讓人津津樂道的莫過於與火龍有關的故事，中世紀開始流傳多個火龍傳說，其中一個便描述此山的岩洞內，住著一隻具有神奇能力的巨龍，並曾經下山救出遇難的年輕人。

　　所以火龍成為此山的「代言人」，列車車身、車站等都會出現飛龍標誌，而這條龍道之內，還展示了瑞士藝術家 Hans Erni 將多個火龍傳說化成畫像作品，讓人邊健行邊觀賞（中及右圖），傳說中的火龍說不定就會突然在洞眼外掠過……

飛龍標誌隨處可見
Alpnachstad 車站、齒輪火車及山頂車站大堂。

景觀廣闊的大型登山纜車

瑞士中部最大的繩索攀爬樂園

往市內的 1 號公車

小型登山纜車

🧳 黃金環遊的最後一部分

離開時不用往回走，而是坐兩段式纜車下山，這是黃金環遊的最後一部分，先搭乘可載 50 人的大型登山纜車至 Frakmuntegg 站，約 5 分鐘。那裡有森林遊樂場、瑞士中部最大的繩索攀爬樂園、旱地雪橇滑道（為瑞士境內最長，約 1.35 公里）等刺激好玩的設施。抵達之時，一點霧也沒有，只見很多小朋友或年輕人正在體驗繩索的刺激樂趣。

第二段搭的是可坐 4 人的纜車，約 30 分鐘的車程帶我們到山腳下的 Kriens 小鎮，最後再坐 1 號公車回市內。其實，這種不用往回走的方法，只限於每年 5 至 11 月，因為其他月份中，整個山頭都滿佈白雪，登山齒輪火車無法行駛，變成只能依靠兩段式纜車上山及下山。

🧳 帶爸媽玩瑞士的旅行計劃

第一次登上瑞士的名山，雖然無緣在山上健行或觀景不多，但也順利又充份體驗到這條著名山水景觀路線，真羨慕瑞士人即使帶著小孩或長者，都能輕鬆登上 2 千公尺、3 千公尺甚至 4 千公尺的山頂，我們也應該構思一下「帶爸媽玩瑞士的旅行計劃」了！

INFO

網址 | www.pilatus.com

票價 | 持有 Swiss Travel Pass，坐船、火車及公車都可免費，齒輪火車及纜車可享半價。（詳細請參考網頁）

若沒有 Swiss Travel Pass，可考慮購買黃金環遊套票或銀色環遊套票，都是集合多種交通工具，比如前者是包含輪船、齒輪小火車、小纜車和全景大纜車，價錢約 80 多至 120 瑞朗。套票可在琉森市內的皮拉圖斯山遊客中心、火車站或碼頭購買，詳細可參考官網。

Titlis 鐵力士山

剛下飛機即可快速登上瑞士的 3 千公尺雪峰

鐵力士山的最高點
（3239 公尺）

早上望著窗外的灰色天空，心情不禁沉下來，難道我們琉森名山之旅的第二回：鐵力士山峰（Titlis），要在這昏暗天氣下開始與完結？

真正踏足在鐵力士山頂上

豈料，當纜車升到超過2500公尺、穿過厚厚的雲海後，一片耀眼的蔚藍天空突然展現在眼前，車廂內的眾人連忙拍掌、歡呼，出人意料的驚喜！我們帶著喜出望外的興奮心情步出車廂，真正地踏在鐵力士山頂上。眼前是一大片廣闊的雪地，擠滿了好多人，

大家盡情享受雪峰之美景。此山有兩個山頭，纜車站就在小鐵力士山（3020公尺），車站外的山頭才是主峰（3239公尺）！（話說回來，遊鐵力士山是指實際踏在鐵力士山上，而馬特洪峰及少女峰則是登上附近的山頭進行眺望。）

遊瑞士一定要報到的雪峰景點

超過4千公尺的馬特洪峰及少女峰，都是世界著名的雪峰，雖然一年四季都可以看到雪景、滑雪，但位於偏遠地方，需要花較多時間前往，還得在山下的小鎮住宿至少一至兩晚，否則不夠時間遊覽。很多遊客在蘇黎世國際機場入境，從台灣、香港或上海坐直航或轉機的話，大多是清晨到達，若想在第一天便登上雪山也算輕鬆方便，從蘇黎世到鐵力士山下的小鎮，只要1.5小時的車程。對於那些時間不多、又想在夏天登上雪峰、觀賞千年冰河的旅客，這個觀賞瑞士雪峰的入門景點「鐵力士山」就是不二之選！

登上山頂原本要搭三段纜車，最後一段是360度旋轉纜車，但自2016年起，新纜車已取代第一及二段的纜車，時間大為減少。

沿途的天色昏暗又多霧，能見度很低，大家對山上的美景已不抱太大期望。

沒想到穿過雲層後，便有撥開雲霧見藍天之驚喜，這時山頂已擠滿遊客，一片歡樂的景像！

坐在冰川飛渡吊椅來回冰川之上

　　坐上吊椅時，工作人員指示同坐的乘客需要平均分配重量，於是我倆分別坐在兩邊。從山頂飛降到下方的冰川樂園，即使速度不如主題樂園裡的雲霄飛車那樣快速，心情亦會興奮得不得了，往下降時，除了好好欣賞周邊的白雪山景，記得不要錯過腳底下的景色，近距離地觀看佈滿裂縫的冰川，部分有數十公尺長，讚歎著奇妙景像的同時，一瞬間心裡又感到驚險，萬一跌下去怎麼辦？

英格堡（Engelberg）是位在鐵力士山山腳下的寧靜小鎮，意思為天使之山，從琉森坐火車只需 40 多分鐘。下車可搭免費接駁車，或步行 10 多分鐘抵達纜車站。目前遊客只需搭乘兩段纜車，全程不到 20 分鐘時間，從地面到 Stand 站的第一段纜車是自 2016 年開始營運，第二段是全球首創的 360 度旋轉纜車，隨著高度攀升，載著 80 位乘客的車廂會慢慢自轉，轉一圈就差不多剛好到達山頂，不管站在那一邊都可以飽覽四周的景色。

初次登上雪峰的感受

在 3 千多公尺的高空，迎面而來的冷風，令人感覺身處完全不同的特別世界。踏在雪地裡，一般運動鞋或鞋子都很容易陷進雪地中，而雪滲入鞋子後就馬上融化，讓襪子濕掉，很不方便和不舒服，需要的話，可在地面纜車站旁的運動用品店租借有防水機能的登山鞋。

山上的範圍頗大，還提供幾項受遊客歡迎的玩意或設施，我想多半會選冰川飛渡吊椅與天空步道吧？這兩項都是懸在高空中的戶外設施，在整個旅程中，我們先後體驗過幾次類似的玩意，膽子也因此越來越大！

坐上輪胎從高處衝下去

坐著驚險的冰川飛渡吊椅（見上頁），下去之後便是一個混合了驚叫與歡樂聲的冰川樂園（Glacier Park），大家都在排隊等候領取滑雪椅、雪上輪胎等滑冰工具，然後從高處衝下去，不對，而是被服務人員「甩出去」才對！看著那條長長的斜坡真是讓人膽顫心驚，輪到我，one、two、three……，就和輪胎一起被甩出去，高速、不斷地旋轉，根本看不到任何東西，只知道自己在大聲尖叫，後來才變成興奮的笑聲！這個雪上輪胎，沒有年齡限制，太小的朋友可跟大人坐同一個輪胎，必玩！

INFO	
網址	www.titlis.ch
票價	來回為 90 多瑞郎（Engelberg-Titlis）持 Swiss Travel Pass 可享半價

站在天空步道（Cliff Walk）可欣賞
壯麗的山嶺景觀和冰川的宏偉風采。

在 3000 公尺的高空中慢步

　　一步、一步走在歐洲最高的凌霄天空步道，山巔谷地之間，飄動的雲彩變化萬千、氣勢磅礴，身處其中，怎能不被這幅大自然的美景迷倒？凌霄天空步道，高達3041 公尺，1 公尺寬，全長 100 公尺。

健行，可以看得更多

　　鐵力士山的美，不只在山頂上，還有多條風景優美的健行路線，值得花時間去發掘，不妨參考官方網站。我們原本計劃下山時，在中間的纜車站 Trubsee 下車，行走「4-Lake Trail」路線，顧名思義，是一條在山谷之間逐一拜訪四個湖泊的路線；很可惜中午過後，山下還是微雨多霧，只好帶著一點點遺憾坐上火車，默默記下這段四湖健行路線，留待下一回的瑞士繪旅行吧！

《最完美的瑞士之旅 2》的延伸閱讀

　　翌年，我們真的再訪鐵力士山，挑戰「四大湖健行」（4 lakes Trail），拜訪特呂布湖（Trubsee）等四個山中湖，全程 20 公里，期間還搭乘五種的登山交通工具，最終抵達的 Stockalp 小鎮已是遠離鐵力士山，去到英格堡阿爾卑斯山區的邊緣。

Rigi 瑞吉山

登上山巒皇后、鳥瞰群山與湖泊之美

一連三天，登上琉森的三座名山，最後一座是號稱山巒皇后（Queen of Mountains）的瑞吉山（Rigi），很感動！我們終於可以在亮麗的藍色天空下出發。瑞吉山的火車更是歐洲登山鐵路的鼻祖，自 18 世紀起成為著名的觀光景點，吸引了不少文人墨客、皇室貴族，法國文豪雨果、英國維多利亞女王等也曾到訪。

瑞吉山的高度不到 2 千公尺，氣候也較為宜人，無論冬天滑雪或是夏天踏青都很適合，加上多元的交通網路，因此旅客喜歡選擇在不同季節來遊玩，一再欣賞「山巒皇后之美」！

瑞吉山下的三個小鎮

登上山頂共有三個小鎮：Weggis、Vitznau 及 Arth-Goldau，前兩個是湖畔小鎮，可在琉森碼頭坐船，遊船會先經過 Weggis 才到達 Vitznau，不同點在於接駁的登山交通工具，在 Weggis 小鎮碼頭下船後，遊人需步行約 15 分鐘搭乘登山纜車；至於 Vitznau 小鎮，下船即可搭乘登山鐵道。最後，Arth-Goldau 不是湖邊小鎮，是要坐火車才能抵達，然後再搭登山鐵道。

免費乘坐登山鐵道上山

之前介紹過 Swiss Travel Pass，絕大部分的登山鐵道，只能享用 50％折扣，而少女峰鐵道更只有 25％，但瑞吉山的登山鐵道及纜車卻「打破常規」，完全免費，太驚喜了！如此一來，這座山峰立即變得「平易近人」！原本登山鐵道的票價就特別昂貴！（如果沒有 Pass，單獨購買火車票、船票及登山鐵道車票等，就要超過 100 瑞郎）這樣一來就很清楚了，如果希望你的瑞吉山之旅，可以一次體驗多種交通工具，不妨參考我們的規劃。

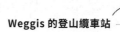

Weggis 的登山纜車站

從碼頭走到纜車站約 15 分鐘，持 Swiss Travel Pass 可免費搭乘。雖然車程只有短短 10 分鐘，但在車廂內看著外面不斷轉換的山巒與湖泊（左圖），完全有別於在登山火車所欣賞到的景色，便知道步行 10 多分鐘是多麼值得！

去程｜坐船到 Weggis 小鎮，約 30 至 40 分鐘→步行至纜車站→約 10 分鐘到達 Rigi-Kaltbad → 在 Rigi-Kaltbad 站搭乘紅色的齒輪火車前往 Rigi-Kulm（山頂）。

回程｜改由另一個方向下山，欣賞不一樣的風景，從山頂往下走至 Arth-Goldau，再坐藍色的齒輪火車。

阿爾卑斯山山脈 ↘

「山巒皇后」這個美名，果然不是浪得虛名，從頂峰俯瞰到的湖光山色，美不勝收，讓我不得不馬上提筆起勁地畫下來！

真的可以看到阿爾卑斯山山脈，至於遠眺德國及法國，需要依靠地圖判斷兩國的位置，見下圖。

法國　　　　德國

阿爾卑斯山山脈 ↘

坐著歐洲第一條齒軌鐵路，登上阿爾卑斯山區的最佳觀景平台

　　步出纜車站，便是擁有田園風景的鄉鎮 Rigi-Kaltbad（1438 公尺），可直接轉乘齒軌火車繼續上山，我們選擇在 Weggis 坐纜車，也沒有錯過 Vitznau 線的登山火車。

　　說起瑞吉山的兩條登山火車，原來有一段小故事。齒軌火車的發明者 Niklaus Riggenbach，其設計是先應用於從 Vitznau 小鎮開出的齒軌鐵道上，建於 1871 年，所以這段就是歐洲第一條齒軌鐵路，全程是 30 分鐘。至於從瑞吉山側翼開出的 Arth-Goldau 線，則是另一公司於 1875 年開始運營；兩間鐵道公司在過去一百年間一直競爭，直至十多年前才合作成為 Rigi-Bahnen 鐵道公司。

🧳 最讓人神往的美景

　　終於來到 1797.5 公尺的 Rigi-Kulm，這高度剛好可以清楚欣賞到山腳的琉森湖被群山環繞的景色。散佈在湖畔與山腰的大小城鎮，前方的深綠森林與淺綠草原，配上淡藍的湖泊和灰白的房子，還有峰巒起伏的阿爾卑斯山山脈，難怪這裡被稱為「阿爾卑斯山區的最佳觀景平台」，這就是登上瑞吉山最讓人神往的美景！

🧳 三個最佳觀賞點

踏上山頂，立即感受到空氣多麼清新，開闊的視野一下子讓心情變得特別愉快。這裡有幾個能 360 度欣賞景色的地方，第一個是火車站旁，當火車抵達後，一下車便可在第一時間欣賞到。

第二個是從火車站的小路拾級而上至觀景台，比火車站再高一點，看到的景色再廣闊一點，這裡還有高級餐廳及自助式餐廳等，均可邊享用美食邊看美景。名山與美景，自然還有一座旅館，能到這邊的 Rigi Kulm Hotel 住一晚，看山景、日出與日落就更是完美的安排了。最後，從旅館再往上爬一小段路，無線電塔旁還有一個觀景平台，是全山最高點，不用多說最寬廣的視野就在那了。

🧳 適合嬰兒車及輪椅行走的健行路線

通常旅客會坐火車下山，不少人亦偏愛火車站旁這條山徑，往下走至不同的車站，其實整個山頭有很多健行路線，部分更是適合嬰兒車及輪椅行走的家庭路線。本頁的照片是最熱門的健行路線，從 Rigi Kulm 一直走回到 Rigi-Kaltbad 也不過一個多小時而已，所以深受一家大小與長者的歡迎。

不需要地圖，依著指標慢慢走，輕輕鬆鬆、自在地便可走過田野、農莊、草坪、森林、牛、羊與小馬之間，充份享受讓人迷醉的瑞士鄉野吧！

瑞吉山的健行步道 ————————————————

夏天時，共有 120 公里，冬天則有 35 公里。健行步道劃分為六種等級，最淺易的適合嬰兒車及輪椅行走，最高難度的登山者需要攀爬才能完成。

慢遊瑞吉山的地圖

遊船 |
Luzuen → Weggis：45 分鐘
Luzuen → Vitznau：60 分鐘

齒軌火車 |
Vitznau → Rigi-Kaltbad：30 分鐘
Rigi-Kaltbad → Rigi Kulm：10 分鐘
Rigi Kulm → Arth-Goldau：45 分鐘

纜車 |
Weggis 纜車站 → Rigi-Kaltbad：10 分鐘
Weggis 碼頭 → Weggis 纜車站：15 分鐘

火車 |
Arth-Goldau → Luzuen：30 分鐘

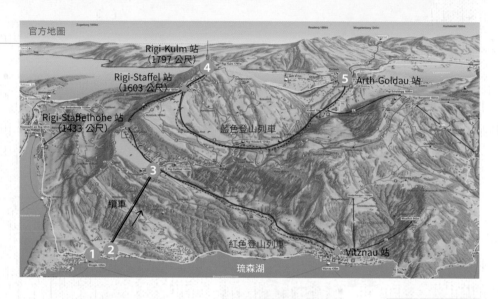

官方地圖

Rigi-Kulm 站（1797 公尺）
Rigi-Staffel 站（1603 公尺）
Rigi-Staffelhohe 站（1433 公尺）
Arth-Goldau 站
藍色登山列車
纜車
紅色登山列車
Vitznau 站
琉森湖

坐船出發

從琉森碼頭坐船，明朗的一天，
很適宜坐船遊湖。

Weggis 碼頭 | 約 45 分鐘到達 Weggis 碼頭，這是一個
幽靜的小鎮，我們依著路標走，大約 15 分鐘便走到山腳
的纜車站。

坐纜車

Weggis 纜車站 | 用 Swiss Travel Pass 可免費搭乘纜車
上山；隨著纜車上升，小鎮的尖頂教堂、湖上的遊艇、
草坪上農莊與動物……逐一展現！

Rigi-Kaltbad 站 | 纜車站與登山火車站相隔很近，四周有多間大、小旅館；火車站內還有觀光中心，在等候上山的火車時，不妨向職員查詢相關資料。

健行徑指示牌 |
從這裡到 Rigi-Kulm，約 1 小時 10 分鐘。

齒軌火車

除了山腳外，整座山都沒有車輛行駛，因此齒軌火車也肩負運送物資上山的重要任務！

4

Rigi Kulm 站 | 車站旁是欣賞美景的第一個點；前面的寫生畫，就是在這裡畫下的。往返 Vitznau 的紅色小火車剛剛上山，正好與快要離開的藍色小火車交會，一紅一藍、再配上怡人景色，還不快拿起相機拍下啊！

無線電塔

Rigi Kulm Hotel

自助用餐區 | 仔細一看，窗外就是一字排開的阿爾卑斯山山脈景色，閃閃發亮！

5

火車

Arth-Goldau 站 | 下山時，改取道藍色小火車線，沿途遇上許多在草坪上吃草的牛兒。從 Arth-Goldau 返回琉森，只需 30 分鐘，我們的琉森名山之旅也完整地落幕。

INFO
網址 | www.rigi.ch

登山火車及纜車通常為 1 小時一班，班次可參考網頁。若計劃在山上健行，亦可事前參考網站的健行路線資料。

瑞士交通博物館

讓人玩到盡興而歸，又能學到豐富知識的交通主題樂園

「瑞士交通博物館」（Museum of Transport）號稱歐洲最大的交通工具博物館，坦白說，對於「號稱最大、號稱最……」這樣的宣傳，總是抱有疑問，擔心只是自誇其詞，最怕期望愈大、失望愈大！

🧳 以交通工具為主題的大型「玩樂 + 體驗」樂園

結果真是喜出望外，這個博物館真的很大，絕非誇大，佔地 2 萬平方公尺，展覽不同年代的火車、纜車、汽車、輪船和飛機等多種交通工具。展品多達 3 千件，話說回來，量多不一定就會看得有趣、過癮。「交通博物館」其實一點也不像博物館，反而像是一座以各式各樣交通工具為主題的大型「玩樂 + 體驗」樂園，幾乎所有展示品都能讓遊客觸摸，而且有許多互動及多媒體裝置，讓大人小孩都能玩得高興、又學到知識！

🧳 不同形式的模擬駕駛才是亮點

有太多值得分享的事情，只能挑選部分亮點跟大家分享。首先，這裡展出陸、海、空經典的交通工具，由百年前到現代，大部分更是從瑞士各城市退役下來。不過，觀賞只是基本，不同形式的模擬駕駛才是亮點，火車、輪船或飛機，通通都可以親身上陣，體驗駕駛的真樂趣。駕駛火車更是熱門，看著不同速度、不同型號的列車，還有密密麻麻的鐵路網絡，任你挑選、駕駛，誰不興奮呢？

沒料到，罕見的大型貨櫃車也出現，立即想起《變形金剛》裡的柯博文，Jackman 一望便雀躍起來，攀上車廂內，摸著大大的方向盤，看著螢幕的模擬影片，自己開著大貨車在公路上高速奔馳，有著說不出的爽快感覺！

簡單的火車積木｜別以為只是小玩意，當火車需要換線時，小朋友要親自手動轉動路軌，積木火車才能順利開過去，讓小朋友在玩樂過程，明白其操作原理。

齒軌火車及軌道的模型｜一邊展示原大的齒軌火車，另一邊小朋友可透過模型的互動操作，認識到火車攀爬上山的原理。

蒸汽火車

展示蒸汽火車頭的結構，讓小朋友清楚明白。圖中的爸爸很用心地講解，兒子們也聽得很專心呢！

交通標示牌大拼貼 | 真的是超酷的設計，一次讓你認識所有不同的交通標示牌。

大貨櫃車

即使是大人，一坐上車廂，身形也顯得很小。

行人道由小石塊鋪排而成，場內也提供地方，讓小朋友體驗鋪石子的過程。

一個又一個小砂石工人，包括最下方的小嬰兒，都很認真地投入「工作」中。

唯有真正的體驗才明白箇中道理

這裡的交通工具還附設一些互動裝置，讓人在操作和玩樂中增長知識，以登山鐵道為例，這方面的技術在瑞士發展得很完善，場內不只展出一台古老的齒軌火車（見左頁），還製作了齒軌火車及軌道的模型，小朋友透過操作裝置，可觀察到齒軌火車的真實運作狀況，如何在陡峭斜坡上克服黏著力不足的問題，成功攀爬至山上。

砂石場的一個個小砂石工人

雖然未曾想像過成為一位砂石工人，但砂石場裡各式各樣的運輸機械，應該會讓你感興趣去操作吧？如果問我，場內哪一區是最棒的？我會毫不猶疑選出「砂石場」。戶外空間雖有飛機、潛艦、遊船等大型交通工具，但其實都可在同類博物館中見到，而這個規模不小的砂石場便是最大亮點，迷你的螃蟹式吊車、吊卡車、拖車、低板車、機械運輸帶等全都可以親自操作！

小朋友可以扮演真正的砂石場工人，載著安全帽，動手動腳搬動石子，操作不同的機器或車子運送石頭，旁邊還有工作人員耐性地指導。看著一個個小砂石工人「工作」得不亦樂乎，有幾位男孩甚至認真工作得汗流浹背要打赤膊呢！

十分方便前往的樂園

不要以為這個面積廣大的博物館位於偏遠的地方，只需在琉森火車站坐 6 號或 8 號巴士，大約 6 分鐘在 Verkehrshaus 站下車，就能見到座落湖畔的博物館，這麼容易讓人親近實在是另一個驚喜，最適合早上在琉森的名山遊玩後返回市內，不用坐長途車，一會兒就能展開這趟趣味十足的交通體驗、玩樂之旅！

扮演物流運輸工人：小朋友透過操作小貨車或小火車，運輸貨物（其實是積木）到物流中心，然後搬動貨物到運輸帶上，整個物流的過程全都可以參與，又是另一個讓孩子上癮的體驗！

INFO

網址｜ www.verkehrshaus.ch

票價｜ 大人 32 瑞郎，小孩 12 瑞郎（6～16 歲），6 歲以下免費；持 Swiss Travel Pass 可享半價。

Gotthard Panorama Express 聖哥達全景觀快車

坐在百年歷史的蒸汽遊船
來往湖畔的名山與城鎮

琉森湖（Lake Luzern），雖然只是瑞士第五大湖泊（面積約 114 平方公里），但因被幾座名山峻嶺所環抱，而構成多姿多采的湖光山色美景，再配上縱橫交錯又完整的遊船路線，因此，坐船遊湖結合其他交通工具，規劃成的多條觀光路線，更成為旅遊琉森地區的重點，例如後文介紹的威廉泰爾快線，就是結合了船和火車的旅遊套餐。

一年四季的遊船

碼頭就在琉森中央火車站的正前方，遊船一年四季每天都運行，整個湖區共有 20 多個站，常規的航線大致分為 1 條長程及 4 條短程，單程為 1 至 3 個小時不等。像是前往皮拉圖斯山（Pilatus），則在 Alpnachstad 站下船；前往瑞吉山（Rigi），則在 Weggis 站或 Vitznau 站下船，都不到 1 小時左右就可到達，下船後便可搭乘登山交通工具上山，十分方便。

常規的航線：Swiss Travel Pass 可享免費

除了常規的航線，還有一些特色的航線，如午餐航線、日落晚餐航線等，詳情可參考遊船公司的官網。常規航線使用 Swiss Travel Pass 可享免費，因此十分受遊客觀迎，而且班次多，可事先查官網或 SBB 網站，選定自己的班次，開船前 15 分鐘到達便可直接上船。

遊船分為上下兩層，這是頭等的戶外空間。

琉森碼頭

皮拉圖斯山

插畫是皮拉圖斯山，當遊船從琉森碼頭駛出，第一座可看到的名山就是它了。琉森湖夾在阿爾卑斯山的群峰之間，因此形狀很不規則，遊客雖可坐車前往湖畔的名山與城鎮，但路線曲折、花的時間也較長，最方便還是搭船，寫意又自在！

皮拉圖斯山 Pilatus

琉森湖白天篇 | 在晴朗的一天出發去坐船遊湖

　　在琉森逗留了四個晚上，前前後後共有四次的坐船機會，有短程也有長程，甚至還體驗了邊享用晚餐邊看日落的浪漫，雖不是每一次都遇上好天氣，但每一趟坐船之旅都值得回味。天色最美最晴朗的一天，就是搭遊船到 Weggis 站，再登上瑞吉山的那天。說起來，這天有點幸運，原本的行程是搭火車去另一個城市，當天早上看見天色好轉，才臨時改為坐船。來到碼頭，發現人潮洶湧，就知道今天絕對是坐船遊湖的好日子！

　　清澈湖水配上群山環抱的美麗構圖，處處可見，其中我們最喜歡這一段：遊船駛離琉森碼頭不久，琉森市家山皮拉圖斯山便出現，這個視線距離真的剛剛好，不會太遠也不會太近，遊船的室內或室外，只要往右方看，便可清楚觀看到山峰整個外形，還隱約能看到山嶺上的觀景台！

　　無論坐火車或坐船，常聽到有人問：「到底要坐右邊還是左邊座位，才看得到比較多美景？」我想在這裡坐船就沒有這個問題，正如之前所說，「群！山！環！抱！」，只要是在船頭或船尾的戶外空間，都可清楚欣賞到，一上船就馬上找個戶外空間坐下，盡情享受湖光山色吧！

藍天白雲＋歷史感的蒸汽遊船＋清澈湖水＋群山峻嶺，讓遊湖之旅變得完美。

常規之外的特色遊船航線，多以不同形式或菜式的美食為主題，諸如早餐、早午餐、午餐、晚餐、紅酒、甜品、起司火鍋等十數種，十分豐富，如果旅行預算足夠（因為 Swiss Travel Pass 不適用），不妨參加看看，說不定可為旅程增添不一樣的回憶。

來到琉森的當天晚上，我們便參加了 Sunset cruise，就是「觀賞日落景色＋晚餐」的旅程，在品嚐美食與迷人日落之間，度過了一個美好的時光。當晚，載我們的是 UNTERWALDEN 號，是行走於琉森湖的五艘蒸汽遊船之一，經過改良後，成為唯一一艘可以穿過高度較低的 Acheregg 橋抵達 Alpnachstad 的船，從那裡可以直接登上皮拉圖斯山。

蒸汽遊船 UNTERWALDEN

額外點了一支白酒，讓這個晚餐更完整！（白酒價錢為 45 瑞郎）

甜點

菲茨瑙（Vitzau）是湖畔的主要小鎮，碼頭邊有一間優雅的旅館，不少旅客在此下船。

INFO

Sunset cruise

時間｜19：12 ～ 21：47
路線｜琉森→貝肯瑞德（Beckenried）→琉森
票價｜頭等 39.5 瑞郎、頭等 28 瑞郎（Swiss Travel Pass 適用）
晚餐｜兩個菜式 46 瑞郎、三個菜式 56 瑞郎
詳細請參考官網

滿足的晚餐過後，帶著微醺的愉快心情走到外面，
坐下來靜靜地欣賞日落景色……

威廉泰爾快線│跨越中部到南部，結合蒸汽遊船及全景列車的旅程

　　陽光充沛的一天，遊船航行於波光粼粼的琉森湖上，我們要離開如詩如畫的琉森了。這次搭乘的是威廉泰爾快線（Wilhelm Tell Express）（此車於 2017 年改名為聖哥達全景觀快車（Gotthard Panorama Express），行程上兩者分別不大），從字面上解讀，別以為它只是一列火車，其實是「蒸汽遊船＋全景列車」的觀光路線，「結合不同的交通工具」就是瑞士觀光路線的特色，之後會介紹的伯連納快線（Bernina Express），則是「火車＋巴士」。

　　瑞士可以說是擁有數量較多蒸汽船的國家之一，旅客除了在此湖，還可以在蘇黎世湖、日內瓦湖等坐上這些充滿古典味道的老式蒸汽遊船。

　　琉森湖有五條用明輪推進的懷舊式蒸汽船，分別是 Stadt Luzern（1928 年）、Gallia（1913 年）、Schiller（1906 年）、Unterwalden（1902 年）及 Uri（1901 年），加上其餘 16 條普通機動遊船，便組成了縱橫交錯的航線。

琉森湖最大的蒸汽遊船：Stadt Luzern

　　這天我們搭乘 Stadt Luzern 告別琉森，Stadt 意思是 City，Luzern 自然是琉森，所以就是 City of Lucerne，全長 63.5 公尺，寬度為 15.2 公尺，曾多次翻新，最近的一次為 2000 年。當遊船緩緩離開碼頭，大家不自覺地望向右方，皮拉圖斯山逐漸地出現在眼前，不捨地跟它說再見……

蒸汽遊船 Stadt Luzern
皮拉圖斯山 Pilatus

琉森湖的全景路線

　　再說回威廉泰爾快線，第一部分的遊船路線，是遊客從琉森搭乘蒸汽船，橫跨整個湖泊，到達另一端的弗呂倫（Fluelen），實際上是琉森湖的常規長程路線，夏季每天共有 11 班，全程約 3 個小時，可欣賞到大部分湖畔的美景；接著從弗呂倫返回琉森市，同樣有 11 班。據我所知，短程與長程所看到的景色不同，最完整的規劃就是兩者都搭，中途在一些景點或小鎮下船，傍晚再坐船回去。

蒸汽船中的明星：Stadt Luzern

　　威廉泰爾快線在夏季每天有兩班，我們搭乘的是 11：12 班次，主要由 Stadt Luzern 行駛，它是五艘蒸汽遊船中最大的一艘，也是琉森湖航運公司的旗艦蒸汽遊船，可載 1200 名乘客。共分為兩層，上層為頭等，下層為二等，上層的豪華餐廳叫做 Queens Salon，名稱的由來是因為 1980 年英國女王伊莉莎白二世曾乘坐過。歷史上，到訪琉森的名人政要都是搭乘 Stadt Luzern，可說是蒸汽船中的明星。

位於上層的 Queens Salon，我們在那裡享用午餐。

船首的鐘刻有「Stadt Luzern 1928」。

船頭的裝飾。

上層的戶外空間。

下層兩旁的戶外空間。

入口：每次都會由幾位工作人員合力處理泊岸和
啟航的工作。

多威風的船長，上、
下船時，他必定站
在最高點視察。

除了船頭，記得也要坐在船
尾，欣賞不同角度的風景！

（左）船內的售票處。

（中）下層的大廳。

（右）下層的大廳內，
可觀看到運作中的馬
達。

小禮物：萬用軍刀 | 威廉泰爾快線除了坐船和火
車外，還包括在船上享用午餐，以及一份小型紀
念品，就是上圖中刻有 Wilhelm Tell Express 的萬
用軍刀，很實用呢。

琉森湖及主要遊湖路線

　　聖哥達全景觀快車是琉森湖的常規長程路線，全程約 3 個小時，可欣賞到大部分湖畔的美景。

5 條遊湖的常規路線

1. 長程 | Luzern → Brunnen → Fluelen → Luzern，可欣賞到最多景色，每天共 11 班，來回快 6 小時。大部分班次為蒸汽船。途經 Weggis 及 Vitznau，是登上瑞吉山的主要碼頭。

2. 短程 1| Luzern → Meggen → Kussnacht am Rigi → Luzern，每天 6 班，來回 2 小時。只有 1 班為蒸汽船。

3. 短程 2| Luzern → Stansstad → Alpnachstad → Luzern，主要前往皮拉圖斯山，每天 12 班，來回快 2 小時。只有 3 班為蒸汽船。

4. 短程 3| Luzern → Meggenhorn → Meggen → Luzern，每天 3 班，來回 1.5 小時。全為機動船。

5. 短程 4| 1 小時的遊船之旅，行駛琉森碼頭對角線的範圍，每天 8 班，可欣賞附近的景色。全為機動船。

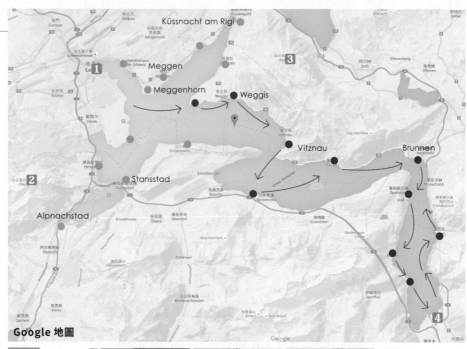

Google 地圖

琉森碼頭

皮拉圖斯山 | 在 Alpnachstad 下船，搭乘以上的交通工具上山。

瑞吉山 | 可在 Weggis 或 Vitznau 下船，搭乘不同的交通工具上山。

Fluelen

坐火車到南部的義大利語區

　　蒸汽船在浪漫的湖泊上前進，從田園式的港灣到高山深谷，行駛將近 40 公里後，3 小時的遊船旅程便落幕了，遊客在小鎮 Fluelen 下船後，旁邊就是火車站，轉乘全景觀列車，展開聖哥達全景觀快車的第二部分。

　　查看地圖，可以發現聖哥達全景觀快車的路線以接近垂直方向，從中部的琉森至南部的盧加諾（Lugano），全長 150 公里。其間，火車行走聖哥達基線隧道（Gotthard baseTunnel），這是世界上十分知名的鐵道建築，耗時 17 年於 2016 年完成，成為世界上最長鐵路隧道，全線貫穿阿爾卑斯山脈，長度超過 57 公里。

聖哥達全景觀快車的列車及蒸汽遊船。（官方圖片）

INFO

聖哥達全景觀快車 Gotthard Panorama Express

官網｜ traintravel.myswitzerland.com/gpx_en/

班次｜ 四月至十月運行，星期二至日對開「琉森→洛迦諾／盧加諾」各 1 班。

時間｜ 遊船於 11:12 從琉森出發，13:55 到達 Fluelen，從 Fluelen 換乘火車，14:16 出發；16:27 到達 Lugano。（詳情參看官網）

琉森湖船運公司網址｜ www.lakelucerne.ch

在瑞士人家裡品嚐烤起司

三吃瑞士的傳統味道 ㊤

說起瑞士的傳統味道，第一個聯想到的大概就是起司了。瑞士人愛吃起司，並且發明了兩道以起司為主角的傳統菜餚，第一道是起司火鍋，是旅遊書中最常見到的，也是瑞士人滑雪後喜歡大夥共享的餐點；事實上，瑞士很多的餐廳也會提供另一道起司菜餚——烤起司，它來自瓦萊地區（Valais），傳統吃法是把直徑 40 公分左右的圓形起司切成半圓形，切口部用火加熱（例如放在火爐旁邊）至開始融化，用刀刮下來放在盤上，配著馬鈴薯、黃瓜等一起吃，是四季都適合的清爽起司料理。

兩種烤起司的專用電子爐

隨著時代進步，現代「烤起司」有兩種專用的電子烤爐，讓人方便把起司加熱。一種是兩用的電子烤爐，上層烤肉，下層烤起司，一片小起司放在盤子上，每個人可用來烤自己的起司；另一種是將整塊 5 公分厚的起司放在電子烤爐上加熱，待起司融化後，用刀刮下來放在自己的盤上。這兩種烤法，以及起司火鍋，在旅程中我們都品嚐到，豐富的起司美食體驗，會分為三篇文章逐一與大家分享。

到本地人家中作客，吃到美味烤起司

第一份的起司美食報告，就是「兩用電子烤爐的烤起司」，在皮拉圖斯山接待我們的 Richter Colette

再度出場，因為熱情的她邀請我們到她的家聊天和用餐，於是在離開琉森前一天，我們買了兩支紅酒作為伴手禮，在黃昏時去拜訪她。

Richter 家距離我們的旅館很近，只要 10 多分鐘的公車車程，就到了一個本地人居住的社區。她住在三層房子的一樓，房子在小丘之上，面向開闊的景觀，擁有自己的小花園。我們在瑞士的第一次起司佳餚，就是在這個漂亮又寧靜的小花園裡。

一邊聽著她的介紹，便覺得這種兩用電子鍋真好用，特別適合一夥大聚餐，只需要把所有起司和食材放在桌上，大家集中使用電子烤爐就可以了，就像平時吃火鍋一樣，還可讓人同時吃到烤肉和起司，而且起司的種類，可根據自己的喜好來自由選擇。

Richter 準備了五至六種不同地區的瑞士起司，切片放在大盤子上組合成壯觀的「起司拼盤」。

自由配搭，花樣多

大烤爐

烤肉

兩層的電子烤爐

起司拼盤

瑞士圖案的餐巾

接著把起司放在小烤盤裡，再把小烤盤放進烤爐的下層加熱，邊聊天邊期待著我們第一片起司融化；大約幾分鐘後，便可以用小木勺把融化的起司推進自己的餐盤內，接著配上煮過的馬鈴薯、醃菜、火腿等，就可以開動囉！Richter 笑說，基本上任何食材都可以搭配，甚至起司和配菜也可以一起烤，將它們的味道完全融在一起，花樣很多。此外，兩用電子烤爐和大烤爐都是一般瑞士家庭的「必備」，否則無法邀請一大群親友來開 party！

濃郁的起司融化後烤至微焦、配上豐富的食材，真的很好吃，我倆不由自主地加熱一片接著一片的起司；這次可以在本地人的家中，感受到在餐廳沒有的氛圍，多了一份感動與溫暖！

Day
7

8

盧加諾

Lugano

3

Lugano

充滿義式風情的南瑞士湖畔城鎮

布雷山 Monte Bre

盧加諾（Lugano）是瑞士南部義大利語區提契諾州最大的城市，坐落在美麗的盧加諾湖旁。如果不是這裡處處飄揚的瑞士國旗，還以為我們在義大利呢。距離盧加諾市最近的兩座山——聖薩爾瓦多山（Monte San Salvatore）和布雷山（Monte Bre，本頁插畫最前方的山嶺），旅客坐上纜車登頂，可俯瞰絕佳的全景觀。

遊船和火車載我們從德語區的琉森，往南到義語區的盧加諾，一路上欣賞著沿路的風景與建築風格不斷轉變，甫下車便感受到氣溫升高了不少，看著茂盛的棕櫚樹散落城內及湖畔各處，彷彿來到了熱情陽光的地中海岸一樣。的確，無論是天氣風景、耳邊迴響的義大利語、還是餐廳裡的披薩義大利麵，這裡的風格更像義大利而不是心目中的瑞士。

這個位於提契諾州（Ticino）南端的美麗城鎮，跟琉森一樣都是依山傍水的旅遊勝地，濱臨的盧加諾湖（Lake Lugano）面積約 50 平方公里，其形狀甚複雜，湖岸散佈著多個小鎮，湖的一部分伸延入義大利境內，所以旅客可坐船進入義大利境內，或是坐火車到義大利北邊的米蘭，每小時有一班 EC 列車，約 1 小時 10 分可抵達。

進入盧加諾舊城區

盧加諾火車站位於山丘上，在正門的左邊就是 Stazione Nord 巴士站，可搭到通往城內各處的巴士，我們隔天離開此地所坐的伯連納快線大巴（Bernina Express Bus）也是在這裡上車。往湖邊的舊城區，可坐 Funibus 觀光巴士，班次多，不到 10 分鐘可抵達 Piazza Manzoni 站。很多人在此站下車，可說是舊城區的精華地帶，一下車美麗的湖泊就在眼前，主要的遊覽船站 Lugano Centrale，就在右邊。

住在新開發的遊客區，享受清幽寫意的環境

逗留在盧加諾這兩個晚上，我們繼續住在 IBIS Hotel（話說回來，我們好像在體驗不同地方的 IBIS Hotel），這間全名為 Hotel ibis budget Lugano Paradiso，不是在舊城區內，而是稱為帕拉迪索（Paradiso）的一區，相對舊城區是一塊新發展的高級住宅及遊客區，不但同樣擁有湖景，還因為遊客日與夜都集中在舊城區，這邊反而可享受較清幽寫意的環境。

位於帕拉迪索區的 IBIS Hotel，街上人不多，可享受幽靜的環境。

從帕拉迪索區的湖邊大道一直通往舊城區，慢慢走也只要 20 分鐘。

途經幾個遊船站，Lugano Centrale 是最大的一個，也是舊城區最多人的地方。

Piazza Manzoni 廣場最為熱鬧，我們第二個晚上在這裡品嚐了很滿意的晚餐。

除了外來的遊客，在湖邊閒晃的，似乎以當地的銀髮
族最多；看著他們悠閒自得地散步、坐在長椅上聊天
的溫馨情景，真叫人欣慰和羨慕！

IBIS Hotel 分為好幾種等級，IBIS budget 是最便宜的一種，一間房的房價約 90 瑞郎（含早餐），非常合理。這裡其實還有較高級的 IBIS Hotel，相互連結，各有自己的門口。這一間的交通也很方便，從火車站坐 2 號巴士，只要 10 分鐘車程，下車步行再 1 分鐘就到旅館門口了。一分錢一分貨，想入住擁有湖景的房間，湖邊有很多的選擇。

環形步道走一回

來到盧加諾，一定要沿著湖畔的環形步道走一趟。第一天傍晚，我們從旅館走到湖邊不用花多少時間，這條長滿各式各樣鮮花，並擺滿大型雕塑作品的湖邊大道，全長約 1 小時路程，走起來相當舒服。從帕拉迪索區開始慢步，朝著舊城區方向前進，便能夠欣賞到盧加諾湖區的整片景色。沿途有幾個遊覽船站，只見站邊咖啡店已有不少一派悠閒的遊客入坐，期望著日落美景上映。

舊城區以 Lugano Centrale 碼頭、Piazza Manzoni 廣場及周邊聚集最多人，遊客中心也設在這裡，好幾間知名的餐廳在廣場內，像是 Burger King 也和遊客中心位於同一棟建築，再走多幾步還可見到麥當勞餐廳。

自備沙灘椅坐在湖邊的一群人

雖然不難理解越走近這一帶只會見到越多遊客，但出奇地發現到不少人自備可摺疊的沙灘椅，坐在這區的湖邊，我想著這樣自備座椅的人不像是遊客，猜測他們應該是本地人。看著他們有老有少，就如一家人熱鬧地聊天和吃著野餐盒的情景，不禁聯想起自己在日本大城小鎮中，與當地人一起坐在街頭上觀賞祭典的情景，難道這天城裡有重大的慶祝活動嗎？

仔細一想，想起這天不就是「8 月 1 日」？！我們在盧加諾遇上了瑞士國慶日！

早上、黃昏、晚間不同時段，我們都走過這條充滿綠蔭、悠閒的湖濱大道，一邊是優雅的建築，一邊是湛藍的湖水與遠處的群山，更有一座座雕塑點綴其間，風光明媚，讓人流連忘返；這兩天裡，我們便把舊城區的觀光行程拋諸腦後，將時間通通放在這個充滿魅力的盧加諾湖上！

瑞士, Happy Birthday！

瑞士國旗是紅色的方形旗，正中有一個白色十字，十分搶眼，我們在蘇黎世和琉森好幾個地方遊覽時，一直看見很多瑞士國旗在大大小小的房子上飄揚，在盧加諾的第一個晚上，剛好是瑞士國慶日，城內的大街小巷都瀰漫著濃濃的國慶歡樂氣氛！

三州在 1291 年 8 月 1 日結盟

話說 1273 年，在神聖羅馬帝國時期，哈布斯堡家族的魯道夫一世繼位成為皇帝後，積極地擴張勢力，瑞士人備受嚴重的威脅；在 1291 年 8 月 1 日，瑞士中部的 Uri、Schwyz 及 Unterwalden 三個州結盟起來，互相支援和抵抗魯道夫一世，傳說那時已有人建議使用紅底白十字的國旗。

瑞士的國慶日於 19 世紀末開始

8 月 1 日這個具有重要意義的約定日，是瑞士重要的立國事件，後來成為瑞士的國慶日。直至 1993 年的公民投票後，這天更成為國定的假日。至於國旗，在 1848 年，已正式規定紅底白十字旗為瑞士國旗。後來在 1889 年再修改，把原來的紅底白十字橫長方形改為「正方形」，象徵國家在外交上採取的公正和中立政策。

瑞士各地自行舉行不同的慶祝活動

國慶日當天，瑞士聯邦當局的傳統習慣並不會大肆慶祝，聯邦主席主要透過電視及網路發表紀念演說，大大小小的慶祝的活動則由各地大城、小鎮、社區自行安排和舉行。除了到處都可看到國旗及州旗隨風飄揚，市民亦會精心打扮，打扮重點是身上一定要有紅色，或是紅白配，許多地區更有不同類型的遊行，至於國慶煙火秀應該是各地的重頭戲。

瑞士國慶小麵包

從幾周前，超市、商店便開始擺滿了瑞士國旗與繪有國旗圖案的各種國慶裝飾品和煙火，就連麵包也出了「國慶版」，把麵糰切割烘焙，便製成了瑞士國旗的十字造形小麵包，最後還插上小國旗，這小麵包稱為 1st August-Weggen。我們在街上就看見不少麵包店販售這款國慶麵包，大約 1.9 瑞郎（每 100g）；此外本地人也喜歡買些麵糰在家動手自己做，與家人在國慶期間一起享用。

瑞士國慶小麵包
1st August-Weggen

傍晚6點多，舊城區內外已是人聲鼎沸，尤其是 Lugano Centrale 碼頭、Piazza Manzoni 廣場一帶，大街兩旁更是站滿看遊行的人群，舉目所見，不少人都有所準備，身穿紅色上衣。

市長帶頭的國慶遊行

　　不一會兒，由政府高層官員帶頭的遊行開始，沿路與圍觀的市民及遊客揮手。最好看的莫過於一排排穿著整齊、威風凜凜的傳統軍人隊伍，我們事後上網查看資料，才知道帶頭的官員就是盧加諾市長 Marco Borradori，就是右圖中那位帶頭、高高的紳士，他從 2013 年開始上任至今。

　　晚間 10 點，天色終於完全暗下來，大部分人都吃了晚餐，長長的湖邊大道已是人山人海，此時此刻，大家都在屏息以待。瞬間，從湖上幾艘船上射出幾道曙光劃破靜夜，仿如流星雨般地灑落開來，立即歡呼聲、掌聲四起，國慶的重頭戲終於開場了。色彩繽紛的火花爭相綻放在湖面上，瑰麗

閃爍，多麼璀璨迷人。這場國慶煙火持續了約 20 分鐘，最後在熱烈的掌聲中圓滿落幕。

與當地人一起慶祝的小確幸

　　坦白說，這場煙火表演的規模雖然比不上台北跨年煙火秀或香港的維港煙花匯演，顯得小巫見大巫，不過身在異地，有幸與當地人一起渡過這個非常有歷史意義的節日，是一份獨特而溫馨的體驗。

其他特色的國慶活動

　　聽說除了放煙火之外，瑞士不同的地方還會有其他極具特色的國慶活動，例如在某些山區，會進行放焰火的活動；在一些山坡及高地的小鎮，人們會在野外點燃篝火，以紀念 14 世紀時以篝火為號驅逐敵人；此外，小孩還會在晚上提著紙燈在街上四處走……不曉得下次來瑞士時，是否能遇上瑞士國慶日呢？又會觀賞哪一種特色國慶活動呢？

悠閒寫意的一天

坐船遊湖探訪山城小漁村、登山遠望群山湖泊全景

聖薩爾瓦多山 Monte San Salvator

接近盧加諾市的另一座山嶺，旅客同樣可搭纜車登頂，
從不同角度眺望盧加諾湖泊的美好風光。

如果逗留在盧加諾的時間不多，除了在舊城區及湖邊大道散策外，坐船遊湖和登上附近的山嶺看風景，就一定要納入行程內。以我們為例，第一天辦好入住手續後已是下午 5 點多，第三天則在早上離開，因此實際上只有一個整天能遊覽；這幾天瑞士的天氣十分好，尤其是來到南邊，風和日麗，陽光普照，眺望著遊船在廣闊的湖面上慢慢駛過，勾起我們在義大利沿海小鎮的悠閒寫意，於是決定放慢腳步，將行程簡化，上午坐船，大部分時間則放在山上。

第 1 站 坐船遊湖篇

坐船遊盧加諾湖就是跨國之旅

　　遊湖前，先說一說盧加諾湖（Lake Lugano），位於阿爾卑斯山谷中，面積 35 平方公里，大部分屬於瑞士領土，只有東北角和西南角屬於義大利，因此湖邊散佈了兩國的小鎮，坐船遊盧加諾湖其實是一趟跨國遊湖之旅。

　　和先前在琉森湖區的遊船一樣，這個湖上有多條不同主題的遊湖路線，例如提供咖啡和甜點的早班遊船、午餐遊船、最長時間的全景遊船（Lugano → Ponte Tresa）、義大利的泊爾勒察（Porlezza）遊船（提供 45 分鐘購物時間）等，還可坐船到湖邊的義大利小鎮，包括 Porlezza、Porto Ceresio、Campione、Oria、San Mamete 等。

遊湖的精華路線

　　不過，最受歡迎的莫過於 Tours in the bay（3608 班次），這一條遊覽盧加諾湖的精華路線，每小時約有一班，由 Lugano Central 開出，第二站為 Paradiso，途經幾個瑞士小鎮，以小漁村甘德理亞（Gandria）終點，為時約 1 小時 10 分左右；回程又經過其他小鎮，最後返回 Lugano Central。甘德理亞又因位於瑞士邊界，故有「邊境之鎮」之稱。

遊船緩緩駛近碼頭，看著沿著山壁而建的一排排漂亮房子，甘德理亞真是個名副其實的山中漁村，人們在可愛的碼頭下船後，馬上就要走上台階進村，展開寧靜迷人的漁村之旅。

也許下一回，也該像他們一樣（最右圖），找一間湖畔房子住上幾天，什麼都不做、什麼地方也不去，只躺著曬曬太陽，與白天鵝在美麗湖泊上一起暢游……

湖畔餐廳的廚師伯伯準備食材時，正巧看到我們，大家便揮揮手，互相打招呼！

微風徐徐，和煦陽光灑在遊船的甲板上，遊覽船在 Paradiso 站載了第二批旅客，便遠離湖邊，逐漸駛向湖泊中央。瑞士很多大城、小鎮都位於湖畔，沒想到琉森湖後，我們這麼快便有另一趟難忘的遊湖旅程，在瑞士乘船遊湖真的是非常棒的經驗和享受，每一回都可以讓我們悠閒地把湖泊、群山及城鎮組成的美麗景色，飽覽一遍又一遍。

盧加諾湖周圍群山環抱，寶藍色的湖水與湛藍天際連成一線，波光粼粼，氣氛安靜迷人。船隻在湖上途經一個又一個小鎮，除了旅客，也接送當地的居民。1 小時後，遠遠就看到沿著湖邊山壁而建的甘德理亞，雖然以地形而言是個山城，但因為位在湖畔而且以往多數居民以捕魚為生，當地人都習慣稱它為「山中小漁村」。

甘德理亞其實位於布雷山的山腳下，也可以從盧加諾市內坐巴士過來，不過一般人還是喜歡坐船。甘德理亞這座擁有百年歷史的山城小漁村，櫛比鱗次的房舍都建在斜坡上面，層層疊疊以石階相連，這種景觀在義大利很常見，但在瑞士卻較為罕見，因此有人說，如果要在瑞士找一個比盧加諾更有義大利小鎮風味的地方，便是這裡了。

Monte Bre 的纜車共有兩段，第一段為免費，因此沒有售票員，時間到纜車會自動停下來，並閘門開啟，此段會先行駛到半山腰的 Suvigliana 站，旅客需換乘第二段纜車，這段便需要購票了，全程約 30 分鐘。

漫步山中小漁村，展開一個的悠閒早晨

船長把船停下，繩索也被套在碼頭的柱子上，我們繼續坐在甲板上，看著許多遊客紛紛下船，走過小小的木造碼頭就要走上台階入村，迎接他們的就是這一純樸簡單的小天地。村內禁止汽車進入，因為依山而建，大部分的步道幾乎都是陡峭的台階和狹窄的小徑。

隨著遊船緩緩離開，想像著自己變成那些下船入村的遊客，在迷人的鵝卵石小徑與幽靜的房子之間散步，慢慢享受悠閒寧靜小漁村的浪漫時光。

第 2 站 登山看全景觀

遊湖後，我們回到市內，沿著右側的湖邊步道一直走，來到一間湖畔的餐廳吃午餐，其一道菜式較為特別，所以獨立出來在 P.146 介紹。

在布雷山山頂眺望整片湖泊與城鎮組成的美景。

🧳 登上這兩座山為首要目標

　　盧加諾周邊有兩座名山，相互對望，聖薩爾瓦多山（Monte San Salvatore，912公尺）和布雷山（Monte Bre，933公尺），旅客都可以搭纜車上山，俯瞰絕佳的全景，如果我們有多一天逗留在盧加諾，定必以登上這兩座山為首要目標。前者雖然較接近我們住的那一區，從旅館走到纜車站也只要數分鐘，但後者則在我們午餐地方的附近，既然如此，午餐後便散步去 Monte Bre 纜車站吧。

　　登上只有 933 公尺高的布雷山山頂，雖然不是這一帶最高的山嶺，甚至在我們旅程中算是不太高的山，但在如此晴朗清澈的天色底下，我們有幸把群巒層疊、湖天一色盡收眼底，近望還看見到色彩明亮的房子錯落有致在綿延的湖岸，幾條遊船在平靜的藍綠清澄湖面上悠然駛過……

山上的餐廳

看著、看著如斯美麗動人的景致，
真讓人留戀不願離開，就這樣我們便取消
市區的觀光，在山上餐廳的一角坐下來，
面向著這景致無牽無掛、隨意做著自己喜歡的事，
聊天、寫生、看書、寫旅遊筆記、拍照、吃甜點、
喝啤酒、做白日夢、在坐椅上小睡片刻⋯⋯
不知不覺，整個下午的時光就在這山上度過了！

慢遊盧加諾的地圖

1. Lugano 火車站。2. 歷史悠久的舊城區，禁止汽車通行，到處滿佈義大利倫巴底風格的建築。3. 碼頭 Lugano Centrale，可搭乘主要遊船的航線。

4. 位於 Paradiso 區的 IBIS Hotel，幾分鐘便可走至湖邊。5. 碼頭 Lugano Paradiso。6. 想賞花的話，可到湖畔的市立公園（Parco Civico），長滿了美麗的山茶花和木蘭花，還有很多亞熱帶植物及藝術作品，許多遊客喜歡從舊城區散步到公園。

7. 穿過市立公園有一間湖畔餐廳，很值得推薦，詳細見後篇。8. 布雷山纜車站，分為兩段，第二段需要購票，大人 16 ／ 25 瑞郎（單程／來回），持 Swiss Travel Pass 可享免費。9. Monte San Salvatore 纜車站。

坐纜車登上 Monte Bre

盧加諾市
（Lugano City）

盧加諾湖
（Lake Lugano）

坐船遊湖吧！

坐纜車登上 Monte San Salvatore

綠線：一條環繞盧加諾湖的環形步道，東起市立公園，往南到碼頭 Lugano Paradiso，慢慢走約 1 小時。

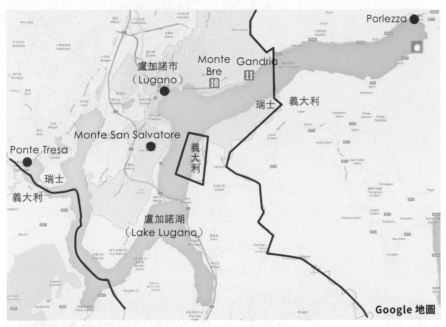

Google 地圖

遊船網站：www.lakelugano.ch

1. 熱門遊船路線｜
   Tours in the bay（3608 班次）
   去程｜Lugano Central → Paradiso
   　　　→ Museo Heleneum →
   　　　Grotto Elvezia → Gandria
   回程｜Gandria → Cantine di Gandria
   　　　→ Caprino → Paradiso →
   　　　Lugano Central
   票價｜27.40 瑞郎／ 13.70 瑞郎（來回／單
   　　　程），持 Swiss Travel Pass 可享免費。
   班次｜09：10、10：40、12：00、12：30、
   　　　13：30、14：00、14：15、15：00、
   　　　16：25、17：45；單程 1 小時 10
   　　　～ 20 分
2. 短程（Lugano Central → Paradiso）｜
   2 瑞郎
3. 3606 班次｜Lugano Central → Ponte
   Tresa（西邊的瑞士城鎮），請參考網站。
4. 3607 班次｜Lugano Central →
   Gandria → Porlezza（東北角的義大利
   城鎮），請參考網站。
5. 午餐遊船、全景遊船等特別班次，請參考網
   站。

---

10. **布雷山**｜盧加諾的兩座名山之一，午餐後的第二
站就在那座山上。11. 甘德理亞就在布雷山的山腳下，
和義大利國境接壤，被譽為盧加諾周邊最美麗的小鎮
之一，猶如一幅風景畫。

著名觀光列車之旅 二

Bernina Express 伯連納快線

從綠草如茵到終年積雪的冰河景觀，讓人一路讚嘆連連的世界遺產

不少日本的觀光列車，車身與車內都有很多讓人目不暇給的設計與設施，走進列車彷如走進小小的主題樂園；而在瑞士，當你坐上當地的觀光列車，會深刻感受到瑞士對「觀光」列車的詮釋是多麼簡約、直接而聚焦，列車行走的路線與車廂的設計，就是要強調「觀光」、方便「觀光」。例如伯連納快線（Bernina Express），便是一列能充分滿足遊客「觀光欲望」的「全景觀光列車」！

全景車廂與性感 Deep V

伯連納快線有著窗戶開到天花板的全景觀車廂，全景車廂與女明星的性感 Deep V 或大露背禮服是差不多的概念，都追求遮得更少、看得更多，禮服凸顯美好身段，而全景車廂則是將你的注意力引領到玻璃窗外，最重要、最不可錯過的湖光山色和建築上，視野的清晰與寬廣會讓人忘卻「車窗」的存在，不管天氣狀況如何，只要安坐車箱內，窗外美景甚至世界遺產便會自動上映。

在 4 小時的火車車程裡，你會做什麼？

伯連納快線連接了瑞士庫爾（Chur）和義大利蒂拉諾（Tirano），全車程長達 4 小時，但在車上沒有人低頭滑手機（至少我們沒看到）、也沒有人睡覺，因為一不留神，就可能會錯過伴奏著牛鈴的綠油油平原，以及愈繞愈高的蜿蜒隧道，錯過用視覺追蹤火車駛過 360 度大迴旋石橋，還有 60 多公尺高的高架石橋的時機（錯過了這項真的無！法！原！諒！），錯過了在高原上親睹擁有 Tiffany Blue 湖面的機會（湖畔還搭配了駿馬，太夢幻了吧！），錯過了白雪靄靄的山脈將背景填滿的畫面、錯過了……

第三條世界文化遺產鐵道

2008 年，伯連納快線超過五分之四的路段（佔約 122 公里）被列為世界文化遺產，也是第三條獲此認證的鐵道。因為鐵道串聯蒂拉諾至圖西斯（Thusis）路段的地勢變化多端，為了克服足有 1828 公尺的高低落差，全程有兩項顯赫的鐵道建設工程：360 度大迴旋石橋，與 60 多公尺高的高架石橋，都以巔峰的建造技術而聞名於世。

帶你到義大利小鎮的伯連納快線大巴

至於我們原本是在瑞士南部的盧加諾（Lugano），如何一下子轉移到義大利的蒂拉諾？因為搭乘這班世界遺產列車，每天還有一班伯連納快線大巴（Bernina Express Bus），來往盧加諾與蒂拉諾之間，車程 3 小時，就像威廉泰爾快線一樣，成就這一趟「火車＋巴士」組合而成的觀光之旅。不論火車還是大巴，有 Swiss Travel Pass 都可免費搭乘，記得要預先訂位，否則無法上車。

在險峻地形中克服高低差的環形鐵道

先談布魯斯奧大迴旋鐵路橋（Brusio spiral viaduct），以我們路線的方向來說，這個經典的亮點首先展現（位於 Brusio 站與 Campascio 站之間，從 Tirano 出發約 10 分鐘車程就看到；反方向的話，過了 Brusio 站就很快出現，成為整段鐵路的最後高潮）；車廂內的乘客雖然無法看到環形鐵道壯觀的全貌，但當列車行駛在橋上，需要減速做出螺旋式大轉彎，這時便有充份時間欣賞這獨特的景觀！相信這充滿魅力的數十秒，是伯連納快線每一位乘客共同追求的關鍵時刻，當列車駛離

Campascio 站，大家便紛紛準備好相機、手機，開始蠢蠢欲動地引頸期盼，瞬時間全車目光集體聚焦在前方的圓弧形石橋上，就是它了！

布魯斯奧螺旋鐵路橋是一座單線螺旋型高架石橋，共有 9 座拱門，寬度均為 10 公尺，最大坡度為 7％，在 1908 年 7 月開始啟用，是人類工程史上的創舉。列車循著 360 度的環形鐵道前進，優雅地繞了一圈，以延長路線來解決高度落差可能發生的危機與難題，列車從平地開始一直穩穩地往上繞圈（往庫爾方向，就如本頁的插畫一樣），漂亮的螺旋石橋與大自然環境搭配得天衣無縫！

往庫爾方向，列車是從平地繞圈上去，就如本頁的插畫及圖片一樣；若是往蒂拉諾方向，列車便是往下繞，看到的會是不一樣的「特殊景觀」，同樣讓人期待不已！

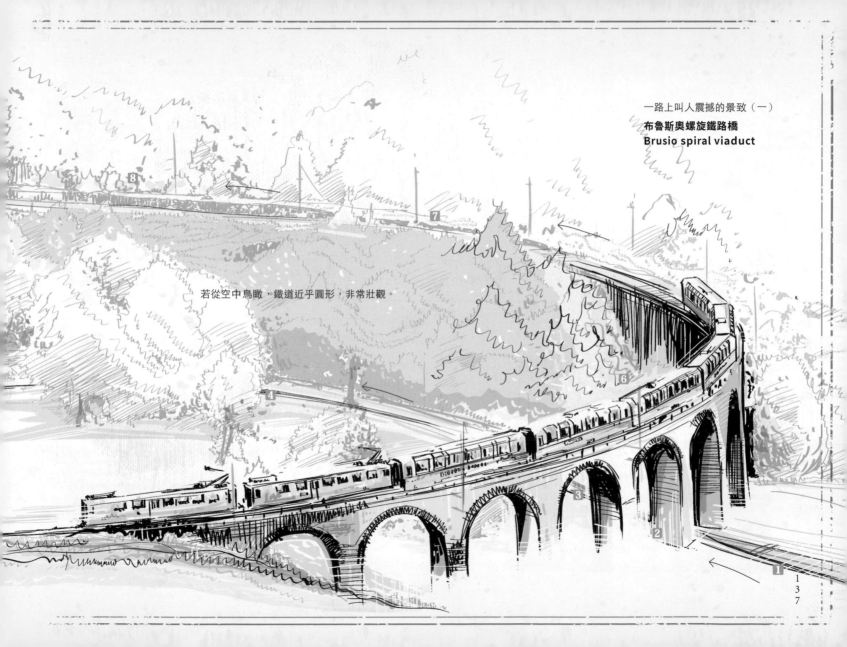

一路上叫人震撼的景致（一）

布魯斯奧螺旋鐵路橋
Brusio spiral viaduct

若從空中鳥瞰，鐵道近乎圓形，非常壯觀。

一路上叫人震撼的景致（四）
朗德瓦薩高架橋 Landwasser viaduct

鬼斧神工的高架石橋

旅行，有時候真的很累人！搭乘伯連納快線，當然要密切追蹤車窗外種種被列入世界遺產的景致，那種既期待又怕錯過的心情，令人每條神經都不自覺緊繃起來，我們便是在這樣的情緒下迎接著朗德瓦薩高架橋（Landwasser Viaduct）的登場……，因為一不留神，火車就走完高架橋開進隧道，所以當列車經過 Filisur 站（往庫爾方向）後，就要完全提起精神。與大迴旋石橋一樣，高架橋也是瑞士明信片和旅遊雜誌的寵兒，例如《瑞士交通地圖》，其封面就是這道迷人的高架橋。與自然環境渾然天成的石橋全長 136 公尺，共有 6 個拱門，最寬有 20 公尺，高約 20 多層樓的石柱跨越朗德瓦薩峽谷，從谷底到橋面相距 65 公尺，橋身微微地彎進山中隧道中，歷久彌新的造型簡約卻氣勢不凡。

百多年前的瑞士人到底在想什麼？

一百多年前的瑞士人到底是怎麼搞的？一條如此壯觀宏偉而且耐用的石橋，竟然不超支不延期不出紕漏不破壞生態就把它建好了！於 1901 年開始建造，翌年 10 月第一列火車便在此通行，最令人訝異的是，工人只使用了兩台吊車將巨石一塊塊架高，這單軌高架橋便完成了。相信在百多年後的今天，在香港建橋建鐵路的人，是永遠參不透瑞士人是如何辦到這一切的。

銀光耀目的冰河美景

分享了兩幅驚人的鐵路美景後，出塵絕世的景色是時候上映了。當列車抵達海拔 2091 公尺的阿爾卑斯葛路車站（Alp Grum），車門一打開，期待多時的乘客們紛紛下車，車站月台也是觀景台，建在斷崖絕壁上，眼前就是一見難忘的景色——帕魯冰河（Palu Glacier）。

帕魯冰河，面積 6.47 平方公里，長度 3.5 公里，位於兩座山峰（Piz Bernina 和 Piz Palu）之間。蔚藍晴空下，冰河宛如在閃閃發光，美不勝收……當我倆看得入神之際，後方便傳來鐵道職員的大聲提醒：「請大家返回車廂，我們即將出發往整段路線中海拔最高的車站！」（最左圖是面向冰河美景的餐廳，多希望可以在這裡下車，坐在餐廳好好欣賞一番，讓這幅美景牢牢烙印在腦海中。）

一路上叫人震撼的景致（二）
阿爾卑斯葛路姆與帕魯冰河
Alp Grum & Palu Glacier

一路上叫人震撼的景致（三）
歐斯比里歐車站與白湖
Ospizio Bernina & Lago Bianco

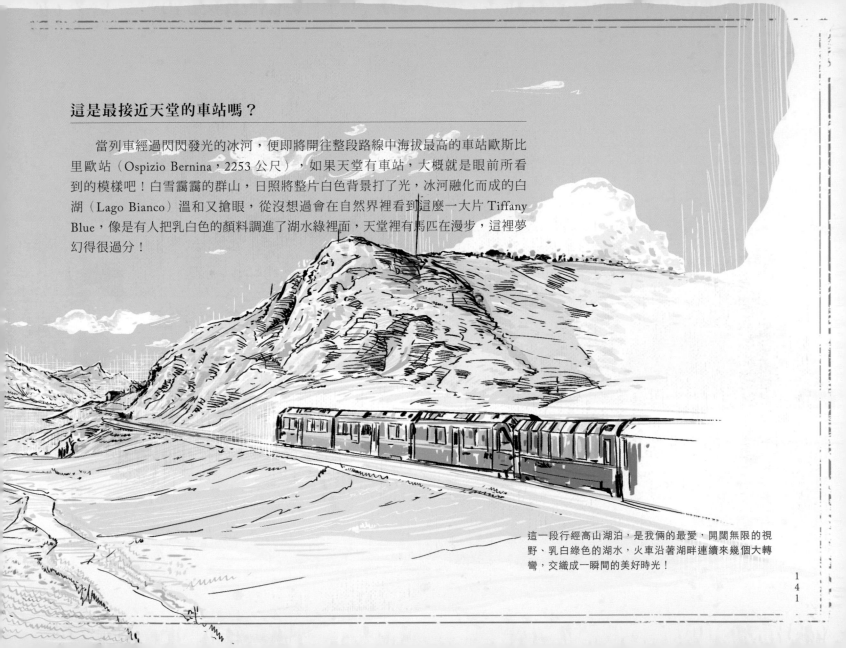

這是最接近天堂的車站嗎？

當列車經過閃閃發光的冰河，便即將開往整段路線中海拔最高的車站歐斯比里歐站（Ospizio Bernina，2253 公尺），如果天堂有車站，大概就是眼前所看到的模樣吧！白雪皚皚的群山，日照將整片白色背景打了光，冰河融化而成的白湖（Lago Bianco）溫和又搶眼，從沒想過會在自然界裡看到這麼一大片 Tiffany Blue，像是有人把乳白色的顏料調進了湖水綠裡面，天堂裡有馬匹在漫步，這裡夢幻得很過分！

這一段行經高山湖泊，是我倆的最愛，開闊無限的視野、乳白綠色的湖水，火車沿著湖畔連續來幾個大轉彎，交織成一瞬間的美好時光！

一路上叫人震撼的景致（三）

歐斯比里歐車站與白湖
Ospizio Bernina & Lago Bianco

天堂

這一片來自鄰近冰河融化而成的湖泊，稱為白湖；湖底的白色沙石將湖水映襯成乳白綠色，背後還有白雪靄靄的群山陪襯，其間，感覺自己恍如在天堂慢步中。

湖泊面積有 1.5 平方公里，原是兩個天然湖泊（Lago Bianco 及 Lago della Scala），相連後才成為高山水壩，水深 53 公尺，水量 0.18 億立方公尺。在歐斯比里歐站下車，其實可以沿著湖邊健行回到 Alp Grum 站，大約 90 分鐘，這段健行路線無論男女老少都適宜行走，除了美麗的白湖與碧水藍天，在最終點 Alp Grum，當然可再欣賞壯觀的 Palu Glacier。觀賞白湖的最佳時機就是夏季，如果在寒冬到訪的話，會遇上截然不同的景色，那時候的湖水寂靜了，只見到一大片完完全全結冰的湖面。

《最完美的瑞士之旅 2》的延伸閱讀

我們形容為最接近天堂的車站，其附近就是瑞士東部著名的聖莫里茲（St. Moritz）。第二年，我們在那處住上幾天，本文介紹從白湖走到 Alp Grum 站這段路我們走過了，還再一次欣賞到 Palu Glacier。Palu Glacier 屬於瑞士東阿爾卑斯山脈，不過要論到最長，就是莫爾特拉奇冰河（Morteratsch Glacier），是此山脈中最大最長的冰川。當日，我們還參加了一趟實實在在地走在莫爾特拉奇冰河之上的特別旅程，親眼看到，還要跳躍深不見底的冰川裂縫，全程六小時的翻山越嶺，每一步都是畢生難忘經驗。

伯連納快線的路線

《瑞士交通地圖》的封面是列車駛過 Landwasser Viaduct 的一瞬間。（左是 2015 版，右是 2016 年版）

Bernina Express
（Tirano → Chur，4 小時）

Bernina Express Bus
（Lugano → Tirano，3 小時）

Glacier Express
（St.moritz → Chur → Zermatt）
另一列觀光列車只包含部分的「世界遺產」景色。

Lugano| 巴士需要強制性預約，大家都在 10 點前到達 Lugano 火車站旁的巴士站等候上車，座位不分等級！

Dogana| 這是過境站，圖片是在車廂內拍攝，巴士穿過隧道後便進入義大利，乘客過境時不用下車、也無需辦手續。

中途休息| 接近 12 點，巴士停在一間義大利旅館前，讓大家下車休息，旅館也歡迎乘客們使用洗手間。

瑞士火車站門前掛有「世界遺產」的牌子，是指 Tirano 與 Thusis 間的一段鐵路及周圍奇特的山地景觀。

Tirano| 義大利邊境小鎮，居民僅 8600 人，因擁有世界遺產之故，成為重要的跨國轉車站，右邊是瑞士火車站，左邊則是義大利火車站。

Tirano| 一小時的空檔，不少乘客選擇在鎮上走一走，或是在車站前的餐廳吃午餐，我們屬於後者。這陣子一直體驗著瑞士的「高物價」，一個普通的 main course 都要 20 歐元以上，但義大利只需 10 歐元左右，如此大的落差，瞬間覺得義大利的東西「真的很便宜」啊！

全景觀的車廂：180 度開闊玻璃窗，無敵湖光山色圍繞四周。

不能打開窗的全景觀列車| 伯連納快線是全景觀列車，好處不用多說，缺點就是拍照時會反光。建議離開座位，走到車廂的前段或後段，兩邊就有能打開的小窗子，乘客可伸出去拍攝，照片中迎面而來的列車就是這樣拍下的。

5. Brusio spiral viaduct
6. Alp Grum 站
7. Ospizio Bernina 站
8. St.moritz 站
9. Fillsur 站
11. Landwasser Viaduct
12. Thusis 站（伯連納快線此站不停）
13. Chur 站
14. Davos Platz 站

山中的 360 度隧道| Brusio spiral viaduct 不是火車繞圈而行唯一的地方，還有一個地方是穿山鑿壁，火車從「高處」隆隆駛進隧道內，盤旋迴轉而下行，最後在「低點」駛出離開，不過由於乘客置身其中，所以渾然不覺。

伯連納快線 Bernina Express

網址| www.rhb.ch

班次| 夏天（9 月初～10 月底）每天 4 班；冬季（10 月底～5 月初）每天 2 班。

票價|（以 Tirano → Chur 為例）火車 112 瑞郎（1st）、64 瑞郎（2nd），巴士 34 瑞郎

備註 1| 我們的班次，巴士為 Lugan → Tirano 10：00 ～ 13：00；火車是 Tirano → Chur 14：25 ～ 18：20。無論夏天或冬天，Lugan 與 Tirano 之間的巴士，兩地只對開一班，Lugan → Tirano 是早上開出，Tirano → Lugan 在下午開出。此外，有些火車班次起點／終點並不是 Chur，而是 St.Moritz 或 Davos Platz，詳情參考網站。

備註 2| 持 Swiss Travel Pass 可享免車費，但要事前預付「強制性訂位費」，火車為 14 瑞郎（夏）／10 瑞郎（冬），巴士 14 瑞郎（夏、冬同價）。

一口吃下生牛肉的驚喜味蕾享受

我們遊完盧加諾湖後，在 Lugano Centrale 下船，沿著湖的右邊一直走，逐漸遠離熱鬧的市中心，穿過市立公園（Parco Civico）後，大約 15 分鐘便走到這間湖畔餐廳。Antica Osteria del Porto 的戶外用餐區有幾棵高大的樹，坐在濃密的樹蔭底下感到份外舒服，一邊寧靜地欣賞湖景，一邊開始享受地道美食。

在菜單上又見「Tartare」這名字，愛吃牛肉的 Jackman 在沙夫豪森（Schaffhausen）吃過一次，驚為天人；這次自然二話不說，再次品嚐這道風味獨特、一般人不見得有勇氣嘗試的菜式！

人工剁碎的上乘生牛肉

Tartare（韃靼），傳說是由古代韃靼族的飲食習慣而來，20 世紀初，先在法國人的餐桌上流行起來，繼而在瑞士、義大利、比利時、德國、荷蘭、丹麥等地方成為經典名菜。簡單來說，這是一道用人工剁碎的上乘生牛肉，再加入香料、調味混和而成的菜式。據說昔日韃靼人經常要騎馬，又沒有時間停下來煮食，所以把未煮過的牛肉放在馬鞍下，旅程完結時，肉經過不斷擠壓，變得軟嫩後就可以進食。

Tartare 的不同吃法和配料

Tartare 是一道多變化的菜式，基本上以生肉、配料、醬汁組合而成，再由各國廚師自行演繹。常見的吃法是在 Tartare 打上一顆雞蛋，再拌配料吃，我們在瑞士吃過兩次，都沒有加雞蛋。比利時人及荷蘭人會把 Tartare 當成三明治的醬料，丹麥人則是把 Tartare 放在麵包上做成開口三明治。配料方面，比利時是用薯條配 Tartare，瑞士則是配上烤吐司。另外，瑞士餐廳把它視為一道主菜，份量滿滿的。

Beef Tartare 與 Steak Tartare

Beef Tartare（韃靼牛肉）與 Steak Tartare（韃靼牛排），都是最常見出現在菜單的菜式名稱，瑞士餐廳多用前者，後者也有不少國家、部分台灣或香港餐廳也喜歡使用。對於不熟悉這道菜又不吃生牛肉的朋友，記得不要見到「Steak Tartare」便以為是塔塔醬（Tartare Sauce）配牛排而開心地點了啊！

Beef Tartare 配上白松露片，香氣滿溢！

　　服務生端來賣相精緻的 Beef Tartare，粉紅色的 Beef Tartare 很有光澤，生牛肉經人工剁切後，纖維看來已全切斷，讓人垂涎三尺的還有那幾片新鮮現刨的白松露片，賣相非常吸引人！

　　先吃一小口感受肉質的原味，果然十分鮮嫩，不像絞肉般鬆散，肉味濃厚帶甘香油脂，此外，一點生肉的腥味也沒有。

　　接著，把適量的 Beef Tartare 均勻地抹在烤吐司上，加上配菜，最後放白松露片。小口咬下去，大幅提升味蕾享受，白松露片的香氣居功第一，又沒有蓋過牛肉的鮮甜，這種獨特味道真的一流！

　　這道菜只需 37 瑞郎，絕對物超所值，右上圖是另一道主菜「煙薰劍魚片配鮮蝦」，同樣出色，價格為 24 瑞郎。右下圖是在沙夫豪森吃到的 Beef Tartare，配的是辣椒醬，有著截然不同的風味與美味。

實用資料 | 在餐廳用餐的五步曲

走進任何一間瑞士餐廳，無論是午餐或晚餐，都和一些歐洲國家差不多，點餐主要分為五部曲：餐前飲料、前菜、主菜、甜點及餐後飲料。

飲料與前菜

餐前點的飲料，是每人各點一杯，無論是氣泡水、Rivella、汽水，價錢都差不多為 4 至 6 瑞郎左右，啤酒或白酒就會貴一點。前菜方面，乾火腿及起司拼盤約 20 瑞郎以上，沙拉則要 15 瑞郎起跳，湯會便宜一點。

主菜、甜點及 Expresso

主菜也是每人點一份，簡單的如義大利麵約 20 瑞郎起跳，更豪華豐盛的羊排、牛排則要 35 瑞郎以上。甜點方面，6 瑞郎跑不掉。最後是幫助消化的 Expresso 或熱茶，約 3 至 4 瑞郎左右。

不過，五步曲的點餐其實早已簡化為三步曲，首先不吃前菜或是分享吃一盤都不成問題。第二，甜點與餐後飲料也合併了，只選其一也很常見；如果告訴服務生「No Dessert, No Expresso」，他們會流露出很驚訝的表情，心裡會出現很多問號……

值得推薦的市中心餐廳

熱門旅遊區的餐廳質素參差不齊，也容易踩中地雷，但我們在盧加諾很熱鬧的 Piazza Riforma，遇到了食物品質很好、價格也合理的餐廳 Tango Riforma，當晚我們共點了六種飲料及食物，都很值得推薦。

1. 飲料：一杯紅酒（8.9 瑞郎，其他紅酒為 6.9 至 8.9 瑞郎不等），兩大分享一瓶氣泡水（6 瑞郎）；主菜：200 克的牛排（44.5 瑞郎）。
2. 主菜：海鮮義大利麵（33 瑞郎）。
3. 甜點：份量很大的提拉米蘇（10.9 瑞郎），二人分享一起吃。
4. 餐後飲料：Expresso（3.5 瑞郎），只點了一杯。
5. 熱鬧的 Piazza Riforma，是此區最精華一帶，四周有多間餐廳。

INFO

Antica Osteria del Porto

網址 | osteriadelporto.ch　　　地址 | Via Foce 9, 6900 Lugano
營業時間 | 11：30 ～ 14：30，18：30 ～ 00：00

Tango Riforma

網址 | tango-ti.ch　　　地址 | Piazza Riforma 10、6900 Lugano
營業時間 | 08：00 ～ 24：00

Day
9
10

庫爾

Chur

4

Chur

探索瑞士最早的千年古城

搭乘伯連納快線（Bernina Express），從盧加諾（Lugano）穿越義大利國境再北上，經歷大半天的巴士與火車組合之旅程，在傍晚時分終於到達瑞士東南邊的庫爾（Chur）。安排了兩個晚上投宿在這城鎮，接著再搭另一列著名的觀光列車——冰河列車（Glacier Express），朝往旅程的重戲碼「馬特洪峰」（Matterhorn）。

有些人可能不曾聽過「庫爾」或「Chur」，看似是名不經傳的二、三線小城市，仔細想想，兩列世界有名的觀光火車都將此城定為重要的停車站或總站，便可以知道這個只有 3 萬多人口的小城，絕，不，簡，單！

全瑞士最古老的城市

庫爾，是一座擁有 5 千年歷史的古城，也是全瑞士最古老的城市，過去因為是阿爾卑斯山脈往南的交通要衝，又是萊茵河沖積平原的起點，因此成為瑞士東部的重要城市；後因橫跨阿爾卑斯山的路線改變後，古城才沉寂下來，但它依然能以優良的山區環境和歷史悠久的建築物來吸引無數遊客。

走進時光隧道

步出車站，一直走便可很快進入沒有汽車行駛的古城區。擁有瑞士最古老城市的頭銜，就知道其中聚集了值得走訪的歷史古蹟。這個保留著昔日光輝餘暈的區域，讓每位踏上石板街道的旅客，一瞬間走進時光隧道……

不過，當實地踏上舊城街道，便隱約觀察到這座古城「並非那麼古老」？原來，1494 年的一場大火災把城內絕大部分木房子燒毀殆盡；重建時，居民順勢改用石頭建造房子，又以當時流行的北義哥德式建築風格為主，因而造就庫爾的哥德式城鎮景觀，正式告別傳統的建築風格。

繽紛色彩的小屋

舊城有好幾個小廣場，以阿卡斯廣場（Arcas）最為熱鬧，四周林立著露天餐廳，周六早上還會有市集，販賣新鮮食材，相當受歡迎。廣場之所以受歡迎，還因為四周保存著繽紛色彩的小屋，處處流露出中世紀的美感。事實上，有些房子是依著舊城牆而建，如今城牆不見了，只剩下這些小房子讓人緬懷數百年前的古城景觀。

（左）大火災後留下來的木房子，後來又經修建，成為獨特的景觀。
（右）火災後的新建石房子，牆上還繪有描述往昔居民生活的壁畫。

古城區內的紅色
指示牌，十分醒
目，景點配上簡
潔易懂的標誌，
方便遊客探索。

聖馬丁教堂 Kirche St. Martin
高聳的鐘樓是馬丁教堂，與兩旁繽紛的老房子及前方的阿卡斯廣場，
還有幾位在咖啡店享受中的遊客，構成一幅悠閒的美景。

走過廣場，便能遇見古城中著名的兩座教堂，聖馬丁教堂（Kirche St. Martin）和大教堂（Kathedrale），同時擁有突出的尖塔，很容易找到。先說說前者，原始的教堂是木造的，建於8世紀，後來毀於1464年的火災中；現今的模樣為1491年重建而成，鐘塔則是在1509年完成。教堂內右邊牆壁上有三道彩繪玻璃窗，由瑞士著名畫家 Augusto Giacometti 於1919年所繪製，雖然是描繪基督誕生的故事，卻頗具現代藝術感，是整座教堂最讓人期待及讚歎的部分。

再沿著聖馬丁教堂後面的階梯往上走，大教堂（Kathedrale）便出現。庫爾從5世紀開始便是天主教教區，也因此成為教徒朝聖的聖地之一，這座大教堂的原始建築可追溯至4世紀，現今看到的是結合羅馬式及哥德式的混合風格，於1272年完成修建。教堂中的聖人塑像以及聖壇都是由 Jokob Russ 在15世紀完成，值得細味欣賞。

登上山丘，遠望全城景色

我們繼續往高處走，其實已沒有任何特色建築物，登上小山丘，不只是為了把古城與山谷結合的開闊景觀盡收眼底，還同時轉化在畫紙上，右頁的庫爾古城水彩畫便因此誕生。

這樣寫意地走一走，半天的古城慢遊已經收穫甚豐，如有旅客還想深入認識庫爾多一點，可考慮以下兩個建議。（一）古城後方還有一座名山 Brambruesch，離開古城，大約走10多分鐘，可搭纜車登山，更廣闊的景觀馬上出現。還可以繼續健行至另一座山 Dreibundenstein，到達 Feldis 小鎮後，乘纜車再轉巴士或火車返回庫爾，全程約5至6小時，稱為 Dreibundenstein panorama trail 的健行步道，包含 Chur →Brambruesch→Dreibundenstein→Feldis→ Rhazuns → Chur，沿途風景甚美，詳細資料可查看官方網頁或在旅客中心索取。至於我們，選擇了第二個……

（二）庫爾的近郊之旅，坐火車到小鎮圖西斯（Thusis），走下321級的階梯，深入地勢崎嶇的維拉瑪峽谷（Viamala）探險，跟古城慢遊完全不一樣的旅程體驗，詳情請見後篇！

（左一）聖馬丁教堂。（左二）進入大教堂的城門塔樓。（右二）大教堂。（右一）大教堂內部的聖人雕像及聖壇，細緻無比，金碧輝煌。

庫爾古城 Chur old town

群山緊緊擁抱著千年古城

　　庫爾坐落於阿爾卑斯山群山之間，要欣賞到這種令人神往的山區美景，投宿在古城區反而看不到，有一種「愈接近愈看不清」的微妙感覺。誤打誤撞，我們的旅館就在新城區（距離舊城區不過10分鐘車程），意料之外地竟可以寫意地坐在房間窗旁欣賞到「散發純樸氛圍的千年古城，被群山緊緊擁抱的美麗景致」！

慢遊庫爾的地圖

不可錯過的手繪地圖及中文語音導覽 ｜步出車站前，記得在觀光中心取得地圖（上面是部分內容），為何強調？因為這是一張充滿味道的手繪地圖，一看就喜歡，特別在此展示（官方網頁可下載）；我們拿了兩份，一份是在現場使用，一份則是帶回家珍藏。手繪地圖與真實的比例和方向雖有差別，但已清楚列出景點及實用資料。此外，旅遊局還提供 13 種語言的語音導覽（包含中文），可在網頁或觀光中心下載檔案，方便旅客用自己手機邊聽邊遊覽，太貼心！

庫爾旅遊局 ｜ www.churtourismus.ch

庫爾火車站 ｜（左）站內的觀光中心；（右）雷塔恩鐵路（Rhaetian Railway）是格勞賓登州的鐵路。　火車像地面電車，從古城外圍駛過。

車站大街 ｜ 車站出來的 Bahnhofstrasse 車站大街，兩旁盡是購物中心與商店。

進入古城 ｜ 這是郵政廣場，繼續往郵政大街（Poststrasse）前行，便進入舊城區。其實不使用地圖，全憑直覺地閒逛也不是問題，街邊有清楚的指示牌，可做為慢遊古城的參考。

Chur 市徽　　**Graubunden 州徽**

市政廳（Rathaus）| 我們在旅遊局的導遊帶領下進入市政廳，建築前身其實是醫院，後來才改建。左圖是歷史悠久的國會議事廳，空間雖小，但每年國會議員都在此進行十多次會議，做出重大的決定。庫爾位於格勞賓登州（Graubunden）北部，也是該州的首府，上圖是市政廳大門上方的雕刻，兩條火龍中間為市徽，紅色部分代表庫爾古城，中間的黑色動物是阿爾卑斯羱羊（Alpine ibex），居住在高山陡斜及粗糙的地勢上，是「自由」的象徵，同時也是該州的代表物。

5. 阿卡斯廣場（Arcas）　6. 聖馬丁教堂
7. 大教堂　8. 登上山丘，欣賞全城景色。

上城門（Obertor）| 古城的城牆早已不復見，但城門還保存得完好，記得走到另一邊，探訪這道建於 1583 年的城牆，是昔日人們進出古城的主要通道。

纜車站 | 從上城門走過來約 10 分鐘。如果能多待一天，我們定必會上山來一趟健行之旅！

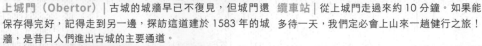

羅馬遺跡發掘所（Romische Ausgrabungen）| 庫爾的考古文物發現，可追溯到西元前 1 萬 2 千年至 9 千年，人類聚居的歷史則至少有 5 千年。歷史上這地方先後被凱爾特人、羅馬人、東哥德人和法蘭克人統治。西元 5 世紀左右，羅馬人將這裡發展成主要都市。目前市內仍進行羅馬時期文物的挖掘工作（就在纜車站附近），圖中的兩座深灰色建築物就是挖掘場地，遊客在外面可透過玻璃觀看內部，這天剛好沒有人工作。如有興趣入內參觀，可在觀光中心查詢。

古城有數百年歷史的教堂、城門、市政廳、廣場……自然也有不少富有歷史的餐廳，不妨找一些百年老店，藉著品嚐瑞士東南部的美食，深入認識這座古城的另一面。

Zum alten Zollhaus| 於 1900 年開業至今的餐廳，就在上城門的對面，很容易找到。目前分為三種菜式，分別是義式披薩、泰式料理及道地的瑞士菜，不用說當然要吃道地菜式！主菜價格從 20 至 40 多瑞郎，左下圖我們其中一道主菜：香煎煙鮭魚（26.5 瑞郎）。
網址| zollhaus-chur.ch

Romantik Hotel Stern| 旅館本身有 3 百多年的歷史，其餐廳 Veltliner Weinstube zum Stern 提供特色的瑞士美食，也有接近百年的歷史。戶外用餐環境甚為優美，價錢合理，主菜通常從 30 瑞郎起跳。
網址| www.stern-chur.ch

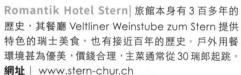

關於住宿的金字塔旅館，我們訂了普通房間，入住時才知道「房間被升等了」；走進房間的一刻，真的是驚喜萬分，比起普通房間要大三倍以上，三邊有大窗子，空氣流通。上頁的水彩寫生畫就是在這裡的窗前完成。

在庫爾入住的這間 IBIS 旅館，是旅程的最後一間，總括而言，四次 IBIS 旅館的住宿經驗可用「麻雀雖小，五臟俱全」來形容，房間雖小（不包括這間），其設備及服務與房價（每間平均 100 瑞郎）成正比，位置雖然不在熱鬧的旅客區或舊城區，但交通很方便，可以很快到達景點或火車站，這都是我們推薦的原因。

Hotel IBIS Chur　地址 | Richtstrasse 19, 7000 Chur

解決洗衣服的問題 | 長途旅行的朋友常為此煩惱，這次我們竟然輕易解決了。由於瑞士的氣候關係，大部分旅館都不提供空調，房客在房內時都會打開窗子，才不會感到悶熱。我們靈機一閃，在蘇黎世的 IBIS 旅館時，開始在房內清洗衣服，再掛在窗邊，通常第二天就可乾透。不用提著一堆衣服去自助洗衣店，省時又省錢，太好了！

14

金字塔旅館 | 你沒有看錯，這座仿如金字塔的建築物就是 IBIS 旅館，一樓是麥當勞，上面全都是旅館房間，最頂端的一層只有一間房間，擁有最開闊的景觀。旅館位於新城區，前方是車道和巴士站，每隔 10 分鐘就有 1 號巴士前往舊城和火車站，需時 10 多分鐘；旁邊還有加油站附屬的小超市，應有盡有，十分方便。

我們在這裡啊！

位於最頂端的唯一房間，擁有最開闊的景觀！

Viamala Gorge 維拉瑪拉峽谷

深入險峻的維拉瑪拉峽谷谷底

萬丈深谷

站在跨越峽谷間的岩石大橋上，往下俯視便可
看見源源不絕的萊茵河水，如緞帶般蜿蜒穿梭
於峽谷之底……

整個瑞士之旅，我們先後「登上」不同的名山，這天卻是唯一一次的「向下走」，走下 321 級的階梯，深入險峻的維拉瑪拉峽谷（Viamala Gorge），兩邊的峭壁高達 3 百公尺，來一回不一樣的峽谷健行體驗！

我們在庫爾（Chur）待了三天兩夜，第一天在傍晚時分才到達，第三天一早就坐火車離開，實際上只有一整天的寶貴時間能「認識這個東南邊的城市」。峽谷之旅在天色最好的時候進行比較理想，因此安排在早上，上一篇的古城慢遊則在下午 3 時多以後才開始。

坐上郵政巴士出發

我們從庫爾坐上 08：58 的火車到圖西斯（Thusis）火車站，約 30 分鐘。圖西斯是個小鎮，只有 3 千人，火車站連接了郵政巴士（PostAuto）總站，再搭上 09：35 出發的 541 號巴士，車廂內擠滿許多全副武裝去健行或露營的旅客。巴士駛離車站進入 A13 公路，

兩邊已是山間景色，沿途在窗外見到不少人奮力踏著單車，或是高速行走的重型機車不斷往山裡走，不到 10 分鐘便來到 Viamala-Schlucht 站，下車就看到外形簡潔、石造的維拉瑪拉峽谷觀光中心（下方右圖）。

通往谷底的階台

此觀光中心每年只於 4 月至 10 月開放，入場費為 6 瑞郎，展示了峽谷的歷史、地圖等重要資料，還有一個戶外的小餐飲區，一字排開的座位面對著整個峽谷……，不過這些都是遊覽峽谷的前菜，主菜是這裡也是峽谷入口處，有一道通往谷底的階台……

羅馬人曾走過的難行之路

維拉瑪拉峽谷其實是一個被萊茵河上游的 Hinterrhein 河切割而成的深谷地帶，根據文獻，羅馬人也曾在這險要的峽谷行走過。15 世紀開始，這峽谷成為前往阿爾卑斯山旅程中的一個重要關口，是來往瑞士與義大利的交通要道，許多商隊都必須取道此處才可以進入瑞士境內，由於地勢艱難又崎嶇，失足掉入深谷而死亡的人不計其數，難怪這峽谷名為 Viamala Gorge，在羅曼語（Romansh）有「Bad Path」的意思，即是難行之路或惡劣的通道。

1 觀光中心

5 321 級階台

9 谷底的觀景台

站在石橋上觀看到的峽谷全景

2 現時使用的石橋

1738 年古橋

據說過去河水
曾升至石橋下方

站在谷底的觀景台向上望的景色

🧳 欣賞整個峽谷的全景

差一點忘了提醒，進入觀光中心前，最好在巴士站下車後再往前方走，走至橫跨峽谷兩邊的石橋中間，便可觀看到從上方的觀光中心延伸出來迂回曲折的階台、兩邊的懸崖峭壁，到最下方的谷底全景，峽谷峭壁有多險峻，一目了然！（左頁的左圖就是在石橋上拍攝）

🧳 最古老的通道

不得不提，在橋上仔細觀看左方的峭壁上，不難發現有五位手執武器的羅馬人和一匹軍馬，正小心翼翼地

走在峭壁上一條非常窄小的小石路上……是的，沒有眼花，這幾塊人形展示木板正展現出千百年前，一批批羅馬人曾走過的地方，想像當時工具與技術都如此落後，人、畜、車走在由山壁挖鑿出來的窄小的石路上，何其驚險！看著看著，真的是一道困難重重、隨時跌下去沒有命的「Bad Path」，自己也不禁心寒起來！

歷史上，曾建築了好幾座橋橫跨峽谷，左頁中建於 1738 年的古橋，現在已不再使用；事實上當年建築了南、北兩座，不過當行人行車兩用石橋在 1936 年落成後，北橋便不再復見，只剩下現今可看到的南橋。

觀光中心｜一字排開的戶外餐飲區，寫意欣賞峽谷好風光。

現今使用的行人及行車兩用石橋｜在石橋上不只可看到峽谷的全景，再向下望，更可發現峽谷的最窄處只有數公尺。

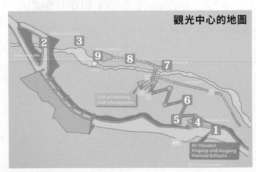

觀光中心的地圖

最古老通道｜你敢在懸崖邊上的小路行走嗎？

滴水穿石的力量

凝視著壺穴，從其深深的漩渦紋，看得出來它是經歷過數百年或千年以上的歲月才能成形嗎？

谷底的河水十分湍急

遊客沿著321級階台向下慢步走，可在各種高度和角度欣賞到兩側令人驚嘆的深谷景色。大約走至中段，見到岩石上寫上「8.8.1951」，原來是當年的水位曾經一度升至這麼高，深深感到大自然的變幻莫測。終於抵達谷底，才發現灰藍色的河水相當湍急又壯觀，如果只站在上方根本無法看見，再抬頭遠望剛才站立的石橋或觀光中心位置，便充份感到峽谷之深。

滴水穿石的力量

谷底有個山洞，我們穿過後便見到「維拉瑪拉峽谷的奇景」，站在懸空的觀景台向下一望，可以近距離觀看到一個深達10多公尺的壺穴（pothole）。這個呈漩渦狀的圓形孔洞，直徑有數公尺，是長年累月被急湍洶湧的水流撞擊或鑿穿岩塊而成管狀的壺穴，足以印證什麼是「滴水穿石」的力量！

321 級的階台 | 一邊向下走，一邊從不同高度和角度欣賞峽谷的景致。

1951 年 | 想像當年的高水位與現在低水位之差別，大自然的力量可想而知。

靜心地聽著河水在谷底流動，感受維拉瑪拉峽谷的奇妙。

山洞 | 穿過小山洞，便是觀景台。

觀景台 | 可看到壺穴和峽谷的全景。

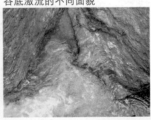

谷底激流的不同面貌

INFO
圖西斯旅遊局（德語） | www.thusis.ch
維拉瑪拉峽谷觀光中心（德語） | www.viamala-schlucht.ch
開放時間 | 3/24 ～ 31、4月及10月 09：00 ～ 18：00　5月～9月 08：00 ～ 19：00
票價 | 大人 6 瑞郎，小孩 4 瑞郎

荒野奇境之旅 | Rofflafall 羅夫拉瀑布

從萬丈深谷之底爬上去，雖是3百多級的階台，邊拾級而上邊看風景，一點也不覺辛苦。返回觀光中心後，趁下一班的郵政巴士來到之前，別忘了在戶外的餐飲區，把握最後欣賞峽谷全景的機會。

🧳 藏於旅館後面的羅夫拉瀑布

不久，我們再度坐上541號郵政巴士，載我們到第二站。約30分鐘車程，巴士穿過 Zillis 小鎮，到了 A13 公路旁邊的 Rofflaschlucht 旅館停下來，第二站目的地是羅夫拉峽谷（Roffla Gorge）的瀑布，實際上就在這旅館的後面；雖然沒有像第一站那樣有著

千年以上的深厚歷史背景，羅夫拉瀑布（Rofflafall）其實有個津津樂道的故事，關於旅館經營者 Melchoir 家族，在一百年前開發這個原本無人知曉的瀑布。（補充說明：Viamala Gorge ＝ Viamala Schlucht，Roffla Gorge ＝ Roffla Schlucht，Gorge 是英文，Schlucht 是德文，同樣是「峽谷」）

旅館本身也有百年的歷史，因當時這裡是通往義大利的唯一山區公路（從 Google 地圖可看到 A13 公路始於庫爾，一直南下連接 A2 公路，可到達我們上一個城市盧加諾，繼續南下便是義大利了），所以絡繹不絕，但 1882 年 Gotthard 鐵路開通後，旅館生意一落千丈。當時家族的主人 Christian 忍痛舉家移居美國，可是在那邊生活也沒有改善，甚至要再遠走至尼加拉瀑布的旅店當服務生。因為這個緣故，他驚覺原來尼加拉瀑布是這麼吸引遊客，才記起自己老家附近不就有一個瀑布嗎？

無論是駕車、騎單車或步行，只要看一看公路旁的指示牌，都可以找到需要的資料。

（左）依山而建的旅館，已有百多年歷史，前面就是山區公路。
（中）公路的另一邊是郵政巴士站，不少遊客就是依靠郵政巴士造訪深藏山中的祕景。
（右）進入旅館內部，付上入場費，我們再從另一道門進入步道。

想像一下，開發這小小步道前，人們如何在懸崖峭壁上行走呢？

從古老的小旅館後院出發，走在幾代前的旅館主人與家人合力開發的小道上，展開荒野奇境之旅。

水流淙淙，拍打在河谷的岩石上，不時激起浪花與漩流。

來自冰河的水源源不絕地衝入深淵，激起了巨大的白色浪花，然後一直流向很遠很遠的地方。

只要看到隱世美景，衣服被打濕一點也沒關係！

在伸手可及的距離，看著猛力噴發的河水、聽著震耳欲聾的瀑布聲，心情高漲之極！

瀑布距離旅館約 1 公里遠，由於懸崖峭壁，長久以來都是無路可到的，屬於隱世景色。Christian 帶著家人回到老家，從 1907 年到 1914 年只使用簡單的工具，以及 8 千次的炸藥，開鑿了這條今時今日遊客可輕易行走的步道。

自此，旅館搖身一變成為觀光中心，遊客花 3 瑞郎便可從旅館大門走到瀑布處。走在這條完全開鑿在峭壁上的狹窄小道上，和由上往下探訪維拉瑪拉峽谷又是另一番體驗，這次是在步道上水平地行走，欣賞兩旁的峽谷景色，隨著隆隆的瀑布聲傳來，心情也變得特別興奮。上次在萊茵河瀑布也沒有這麼響亮，只因步道的盡頭十分接近瀑布的出口，從圖片可看到，人們可以超近距離觀看到磅礡的水流傾注而下，甚至觸手可及。羅夫拉峽谷其實位於萊茵河支流的一個源頭，因為斷層的關係，經由瀑布流入丈餘深的 Hinterrhine 支流，然後流向 Viamala Gorge 方向。

我們折返在旅館餐廳享用午餐，也欣賞了當年工程的文字紀錄、相片及工具等珍藏品，這個由民間開發及經營的瀑布，早已成為旅遊局的推薦景點；對於這個隱世景點不是由官方經營，自己在網上找不到答案，於是心裡便編了一個美好的版本：官方認為 Melchoir 家族自費開發原本無人可到的瀑布，貢獻甚多，所以同意他們及後人繼續經營，至於維護的經費，官方會支持全部或部分。

🧳 火車都無法到的地方，就要靠它們了！

這次隱世祕景之旅的交通工具，是黃色車身、有喇叭型標誌的郵政巴士（PostAuto），首先要知道它不是地區性，而是全國性的；雖說瑞士的火車網絡覆蓋性十分高，始終有一些地方，如深山裡面的小鎮是無法到達，郵政巴士因而誕生。

它的前身是自 1849 年開始運作的郵政馬車，負責傳送郵件，歷經百多年的發展，已成為火車以外的主要交通工具，2 千輛巴士的團隊行走於 4 百個火車站和 1700 多個鄉鎮之間。另一賣點是，持有 Swiss Travel Pass 可免費搭乘！在瑞士旅行時，除了火車和船外，可不要忘記還有郵政巴士！

旅館展示當年的開發工具，圖中是 Christian 及妻子。

我們點了一份烤魚，店員就在外面料理，生火用的木頭是直接從旅館後的森林砍下來嗎？

INFO
羅夫拉瀑布 | www.rofflaschlucht.ch
郵政巴士 | www.postauto.ch

著名觀光列車之旅 三

Glacier Express 冰河列車

從庫爾坐上世界最慢的列車前往馬特洪峰

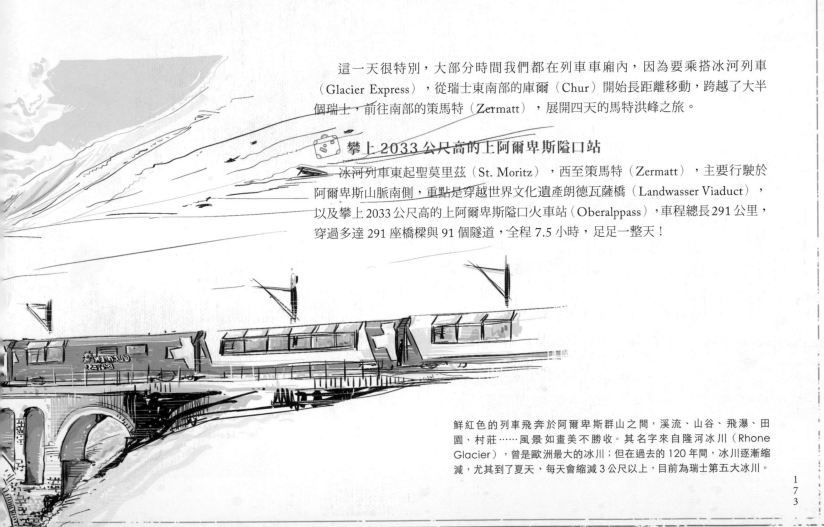

這一天很特別，大部分時間我們都在列車車廂內，因為要乘搭冰河列車（Glacier Express），從瑞士東南部的庫爾（Chur）開始長距離移動，跨越了大半個瑞士，前往南部的策馬特（Zermatt），展開四天的馬特洪峰之旅。

🧳 攀上 2033 公尺高的上阿爾卑斯隘口站

冰河列車東起聖莫里茲（St. Moritz），西至策馬特（Zermatt），主要行駛於阿爾卑斯山脈南側，重點是穿越世界文化遺產朗德瓦薩橋（Landwasser Viaduct），以及攀上 2033 公尺高的上阿爾卑斯隘口火車站（Oberalppass），車程總長 291 公里，穿過多達 291 座橋樑與 91 個隧道，全程 7.5 小時，足足一整天！

鮮紅色的列車飛奔於阿爾卑斯群山之間，溪流、山谷、飛瀑、田園、村莊……風景如畫美不勝收。其名字來自隆河冰川（Rhone Glacier），曾是歐洲最大的冰川；但在過去的 120 年間，冰川逐漸縮減，尤其到了夏天，每天會縮減 3 公尺以上，目前為瑞士第五大冰川。

好整以暇地展開長途火車之旅

除了 10 月底至 12 月中期間停駛，冰河列車都是一年四季雙向對開，先說明我們為什麼上車地點選擇在庫爾而不是首站聖莫里茲呢？

聖莫里茲至庫爾的路段最出名的是朗德瓦薩橋，其實我們在搭乘伯連納快線（Bernina Express）前往庫爾途中已看過，所以選在庫爾上車並沒有甚麼損失，而且可以少坐兩小時，不用整天都在車上度過。列車在庫爾站 11：27 出發，早上睡到自然醒，慢慢吃過早餐，才好整以暇地出發！

除了車頭之外，冰河列車共有六節車廂，可載 36 人的頭等車廂是首兩節，右下圖是設有吧檯和廚房的餐車，可載 48 人的二等車廂是最後三節。列車提供耳機，全程有英文、中文等語言的介紹，每當出現景點，電子螢幕上亦會出現提示。

在車上享用現做的午餐

幸好我們提早上車安置好兩件大行李，因為這天的旅客特別多，不少旅客都需要列車員協助放置行李。我們雖然持 Swiss Travel Pass（1st），但訂位時頭等車廂已滿座，所以這次是坐二等車廂。座位的小桌子已放好，鋪好潔淨的桌巾及餐具，因為我們預訂了午餐！

 邊看美景邊享用美食

說實在，這列車適合時間充裕、對火車遊覽有興趣的朋友，不建議趕時間的人，也不建議想省錢的人（即使有 pass，也要預付 33 瑞郎訂位費）。畢竟這麼長時間，坐了就要享受一番，邊看美景邊享用現做的美食吧！

列車啟動不久已接近中午 12 點，餐車的廚房也進入忙碌的高峰，服務生會先逐一詢問乘客是否要點飲料，這時沒有訂餐的人，也可以改變主意加點午餐，然後依序送上三道式的套餐，包含湯品、主菜和甜點。（事先預訂或現場點餐都是 43 瑞郎，不過預定就無法退款。）

無限量供應的主菜

餐點使用新鮮食材，由廚師在廚房內烹調，而且主菜還可以續加，像我們當天的主菜是薄牛肉片、配上胡蘿蔔及白飯，服務生頻頻穿梭為乘客追加；甜點是提拉米蘇，分量充足又美味，最後喝上一杯 Expresso（免費），就是

我們的主菜是免費續加的，請問你還需要嗎？

一頓完美的火車美食。此外，沒有訂餐的旅客，也可隨意享用自備的飲食，完全沒有限制。

雖然行李常常倒下來阻礙通道，機警的服務生一點也不受影響，馬上整理一下便繼續上菜。

登上海拔 2033 公尺的上阿爾卑斯隘口

離開庫爾，窗外的景色漸漸轉換成雄偉的峽谷地形，這段景觀是 400 公尺深的瑞士萊茵大峽谷（Senda Ruinaulta），就是著名的萊茵河的上游，還記得萊茵瀑布嗎？遠古冰河時期，這一帶曾發生巨大山崩，崩落的岩石造成壯闊的峽谷風貌。

接下來，路線變得陡峭，火車到達迪森蒂斯（Disentis）已達海拔 1130 公尺，然後攀爬更陡峭的山坡到最高處，海拔 2033 公尺的上阿爾卑斯隘口站（Oberalppass），是全程的最高點。

列車沿著車站旁的小湖 Oberalpsee 慢慢地前進，讓大家把握時間欣賞四周的高聳山脈。

透過車窗看到外面有不少健行人士往外出發，原來其中一條登山步道通往「萊茵河的源頭」，跨越多國的歐洲最長河流之一萊茵河，其源頭就在這裡的不遠處。其實，萊茵河有兩條主要的支流，其中前萊茵河（Vorderrhein）就是起源於上阿爾卑斯隘口站附近的圖馬湖（Tomasee，或稱 Lake Tuma），由上而下流向 Senda Ruinaulta，再一直流至很遠、很遠的地方……

Google map 指出大約行走個多小時可到圖馬湖，而且上阿爾卑斯隘口站車站旁有餐廳和旅客中心，列車一邊徐徐地離開此地，自己則是一邊想著下一次還要來這裡登山，不過，那時候應不會坐冰河列車，原因是此車不停靠上阿爾卑斯隘口站，要改搭乘 Matterhorn-Gotthard-Bahn 列車（簡稱 MGBahn）才會停站，這條地方性火車是來往迪森蒂斯與策馬特之間。

Glacier Express 的主要車站 | 仔細一看，整條鐵路的高低落差很大。

從車站健行一個多小時可到達 Tomasee

坐 MGBahn 列車才可在上阿爾卑斯隘口站下車。

小湖 Oberalpsee

Oberalppass

世界最慢的列車

離開最高點後，火車自然而然地在阿爾卑斯山巒之間往下走，但不是一直都維持「由高往下」，回想一下，首站的聖莫里茲是海拔 1775 公尺，然後最低點的庫爾是海拔 585 公尺，接著列車又攀爬到海拔 2033 公尺的上阿爾卑斯隘口火車站，為全線的最高點，又往下走至海拔 670 公尺的布里格（Brig），最後又升至海拔 1604 公尺的策馬特，高高低低、落差極大的鐵道路線就像是激烈起伏的心電圖一樣，因全線採用窄軌鐵道，當走至陡峭的坡度時，便會轉用齒軌爬升，所以最慢的時速只有 35 公里，因而有著「世界最慢的列車」稱號，這樣反而讓乘客可以更仔細欣賞阿爾卑斯山區的美景。

🧳 阿爾卑斯山地區最大的冰川

列車行駛到布里格，一些穿著健行裝備的乘客紛紛下車，原來附近就是阿爾卑斯山地區最大的冰川：阿萊奇冰河（Aletsch Glacier），與少女峰有莫大的關係，人們會住宿在布里格，然後搭一小段列車到莫勒爾（Morel），再搭乘纜車到達阿萊奇冰河保護區，展開氣勢磅礡的冰河健行。

列車作出最後一次的攀升，駛進遮天敝日的森林裡，偶然間在林木之間窺看到一座座外形雄偉的雪峰，原已平靜下來的心情又再激動起來，五個半小時的火車之旅，在美食與絕景之間，終於要結束，另一段難忘的登山旅程也快要開始。

INFO

冰河列車 Glacier Express

網址｜ www.glacierexpress.ch

班次｜ 夏天（5 月初～ 10 月底）每天 3 至 4 班；冬季（12/12 ～ 5/12）每天 1 班；11 月
至 12 月中停駛。

票價｜（以 St. Moritz → Zermatt 為例）269 瑞郎（1st）／ 153 瑞郎（2nd），持 Swiss
Tarvel Card 可享免費。

備註 1｜ 全車是指定席，無論持 Pass 或單獨購票，都要事前繳付「強制性訂位費」：33 瑞
郎（3 月底至 9 月中）、23 瑞郎（12 月初至 3 月尾）以及大旺季（6 月 16 日至 9
月 16 日）為 43 瑞郎。三道菜式套餐：43 瑞郎。

備註 2｜ 此車旅客超多，經常全車滿席，務必儘早訂票！

馬特洪峰地區

Matterhorn Region

5

Matterhorn Region

親眼看過馬特洪峰後，你一輩子都會記得！

馬特洪峰（Matterhorn）與少女峰（Jungfrau），是瑞士名氣最大的山峰，也是旅程的重頭戲。對於首次到訪馬特洪峰地區的旅客來說，到底應該安排多少天才足夠呢？這種問題永遠都沒有標準答案。

我們煞費思量後決定安排四個晚上，和行程中其他地方相比確實較多，怎料check out 前一刻，我們在房間的陽台看著此座山峰，依然看到入迷、看到出神，回頭一想，這個地方真的為我們帶來許多意想不到、難忘的美好時光，再安排四個晚上也願意啊！

初次接觸

很多人可能像我倆一樣，初次接觸馬特洪峰，是來自瑞士的三角巧克力（Toblerone），充滿著童年回憶的味道；長大後看美國電影時，又發現派拉蒙電影

公司（Paramount Pictures Corporation）的開場片段，竟然出現「Matterhorn」，是好萊塢電影與瑞士名峰 crossover 嗎？後來才知道自己只是井底之蛙，對世界的地理認識淺薄；那個酷似 Matterhorn 的山峰商標，只是參考美國的大提頓國家公園內的大提頓峰（Grand Teton）而已。

🧳 瑞士最具代表性的山峰

標高 4478 公尺的馬特洪峰，仿如金字塔般的擎天之姿，是最引人注目的地方，長久以來也成為瑞士最具代表性的山峰；話說過來，她並非瑞士最高，鄰近比她高的山峰多的是，包括瑞士的第一高峰 Monte Rosa（4634 公尺）、Liskamm（4527 公尺）。

🧳 兩國的名山

Matterhorn 是德語，「Matt」意為山谷、草地，「horn」意為山峰呈錐狀像一隻角；她也有義大利名字，為 Monte Cervino，因其位置在瑞士及義大利的邊境，在義大利那側也有一些觀景點，登山者亦可從那裡出發登山。不過，瑞士的這邊享有較佳的賞景點，多年來人們想要欣賞馬特洪峰，就會選擇瑞士！

外形獨特的馬特洪峰，親眼看到後，一輩子都會記得。她是一座擁有東南西北四個面的錐體，每一個面都十分陡峭，因此只有少量的雪附著在表面。無論在山下的小鎮策馬特（Zermatt），或幾個著名的觀景點，包括我們這次去過的馬特洪峰冰川天堂（Matterhorn Glacier Paradise）、高納葛拉特（Gornergrat）及蘇內加（Sunnegga），在不同角度看到的景色都十分突出，各有魅力。

征服馬特洪峰的悲劇

前面提到，馬特洪峰不是瑞士的最高峰，在阿爾卑斯山脈中只是第七名，可是她卻是最後一座被征服的主要山峰，原因是其極為陡峭的外形，為登山者造成巨大的心理壓力。歷史上，1857 年開始有登山者嘗試征服，在 1857 至 1865 年間，從義大利方向攀爬有 15 次失敗的紀錄，從瑞士方向也有 3 次失敗。

 首支成功登上馬特洪峰的登山隊

1865 年 7 月 12 日，在瑞士及義大利各有一隊登山團隊出發，比拼勝負。英國登山家 Edward Whymper 組成的瑞士 7 人登山隊（5 名是英國人，其餘來自策馬特）先在策馬特的 Hotel Monte Rosa 住宿一晚，在 7 月 14 日凌晨 3 點多出發，好不容易在中午 1 點 40 分終於成功登頂。他們正當歡天喜地之際，才發現義大利登山隊早已來過的痕跡，只好心灰意冷地下山。

 發生意外，四人墜落山谷

據說，很多的登山意外也發生在下山的時候，只因下午以後，天氣都會變壞、也變得很快，強烈的風暴就像死神一樣出現。瑞士隊下山不久，便遇上死神來襲；在危急關頭之際，他們用繩子互相連結一起，其中 4 人最終墜進北面的山谷。僥幸生還的 3 人非常悲傷及驚恐，經過一夜的休息，在 7 月 15 日早上才回到策馬特。事後，3 人的屍首被尋回，另一位只找到其手套、一隻鞋及皮帶……

 博物館完整呈現悲劇

雖然法院裁定這是一場意外，生還者 Whymper 及 Taugwalder 父子卻被外界嚴厲評擊他們為了自救而切斷繩子，馬特洪峰也因為此事件而聲名大噪，從此吸引許多人到訪。為了紀念這 4 位罹難者，每年的 7 月 14 日都禁止攀登山峰，否則會罰 5 千瑞郎。現時，鎮上有一座 Matterhorn Museum（持 Swiss Travel Pass 可免費參觀），很值得參觀，本頁的照片及畫作都是翻拍自博物館內的展示。

此為山峰模型，紅線處是瑞士隊的登山路線。

1865 年 7 月 14 日中午 1 點 40 分，他們終於成功征服！

左右兩幅的黑白畫作，是法國畫家 Gustave Dore 根據當時生還者的描述而進行繪製，登峰次序為：Edward Whymper、Michel Croz、Charles Hudson、Francis Douglas、Douglas Robert Hadow（以上為英國人）、Peter Taugwalder（父）、Peter Taugwalder（子）（來自策馬特）。

斷繩的位置

（上）瑞士 7 人隊在這小屋內（仿製）住宿一晚，第二天的 3 點多出發。

（下）1865 年瑞士 7 人隊所使用的繩索。2005 年，一家瑞士繩索製造商仿造這條繩索，以測試其耐力，結果證明同類的麻繩最多可耐重 3 百公斤，這也說明了當時即使不切斷繩索也拯救不了那 4 名罹難者。

終年積雪的馬特洪峰自 19 世紀至今，
一直是登山者憧憬的登山勝地。

北面

東面

Solvay Hut
（海拔 4003 公尺）

東北面山脊路線
（Hornli 山脊路線）

北面路線

Hornli Hut
（海拔 3260 公尺）

登山者憧憬的挑戰勝地

時至今日，登山者一年四季都可挑戰馬特洪峰的每一面或山脊登峰。夏天是旺季，天氣好的日子，多達100人以上會進行登頂。「東北面山脊路線」（又稱為 Hornli 山脊路線）較多人選擇，從小鎮搭乘空中纜車至 Schwarzsee 站（2583 公尺），花約2 小時可步行至山脊下的 Hornli Hut（3260 公尺），在這間大石屋裡待一晚，第二天早上 4 時前出發，約 6 小時便可登頂，中午過後一定要下山。在四個面與四條山脊之中，北面是最後被征服的，直至 1931 年才成功，同樣從 Hornli Hut 出發，需時 14 小時。這個北面也是阿爾卑斯群峰中難度最高之一，有「Great north faces of the Alps」之稱譽。

（左 & 中）官方提供的照片，Hornli Hut 的外觀及內部的床。（右）位於山脊的 Solvay Hut，照片來自維基百科。

容納 130 位攀登者的大石屋

第一代的 Hornli Hut 建於 1880 年，可容納 17 人。現代化的 Hornli Hut 每年 7 至 9 月接受預約，共有 34 間不同大小的房間，總容納 130 人，在大露台及用餐處還可使用 Wifi。預約費用為 50 瑞郎，6 人房間的床位為 150 瑞郎，雙人房為 450 瑞郎。至於 7 至 9 月之外的日子，登山者可使用 shelter，內有 20 張床及洗手間，但沒有飲用水、媒氣及煮食設備等。此外，在這屋之上的 4003 公尺處，還有一間建於 1915 年的 Solvay Hut，小木屋內有 10 張床及無線通話設備，危急時才使用。

死亡之山

據說，對於經驗豐富的登山者來說，登上馬特洪峰不算太難，而且在部分路段還設有固定的繩索輔助，但每年仍有一些經驗不夠、或因落石或路線太

擁擠等原因而導致意外身亡的事故，因此馬特洪峰又被稱為「死亡之山」，直至 1990 年（以 1865 年算起），已有 5 百人因意外而身亡，平均每年有 12 名。

當天我們前往馬特洪峰冰川天堂時，中途是 Schwarzsee 站，距離馬特洪峰很近，在此站的觀景台可拍攝到左頁的照片，是最鄰近馬特洪峰的景觀。

1. 往馬特洪峰冰川天堂的吊車站。2. 可容納幾個人的吊車。3.Schwarzsee 站，往 Hornli Hut 的登山者或到附近健行的人士，從這裡出閘。4. 步行往 Hornli Hut 的方向（另見後頁的地圖）。

Hornli Hut | www.hoernlihuette.ch

讓你看得出神忘我 | 三大路線、五大觀景點

不少西方遊客到策馬特為的是滑雪或登山，對於一般旅客，自然是要登上各個山頭，眺望馬特洪峰、阿爾卑斯群峰，順便賞湖景與健行，大致可劃分為「三大路線、五大觀景點」。

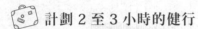 計劃 2 至 3 小時的健行

不得不強調，在這五個觀景點（地圖上的★）看到的湖光山色，優美動人、氣勢壯闊不在話下，可是要為這一趟旅程畫上「完美的句點」，健行更是絕不可缺少，搭乘登山交通工具上山看景色、買紀念品，然後坐車下山，肯定會錯過很多很多。鄭重建議，一定要穿一雙好的登山鞋，計劃 2 至 3 小時的健行，便足夠讓你置身在如夢如幻的大自然景色裡，看得出神忘我！

閱讀官方地圖（右頁）

旅客可在旅遊中心或旅館內索取地圖，或在網站（www.zermatt.ch）下載，

這裡直接用夏季版的地圖跟大家分析，最為實際。地圖分為前、後兩面，另一面是冬季版，整個地區滿佈厚厚的白雪，滑雪場地也變得許多，有些健行路線則會封閉。

一天走一條觀景路線

最著名的三條觀景路線之中，以 A 線的觀景為最熱門，每一條路線也需要一整天才足夠（千萬不要用「跑景點的心態」去規劃），因此我們準備了三天走完三條路線，右圖的黑色虛線處，就是我們的健行路線，每一段要走上 2 至 3 小時。

需要攀爬的健行路線

地圖上的顏色線條為數十條健行路線，每一段都有編號，總健行長度有 4 百公里，程度級別為綠（easy）、黃（medium）及紅（difficult），是旅遊局在眾多的步道中，挑選出特別適

合一般旅客行走的路線。至於我們所走的三段路線，就是圖上的黑色虛線，其中在 Gornergrat 行走的那一段是「沒有編號的步道」，則屬於阿爾卑斯路線（Alpine trails）。而「編號的步道」與「沒有編號的步道」有何差別？阿爾卑斯路線又是怎麼樣的步道呢？答案在 P.208。

希望，本文能先給大家對策馬特附近的山脈及觀景路線，有初步認識，接下來的文章將會仔細分享。

Gornergrat

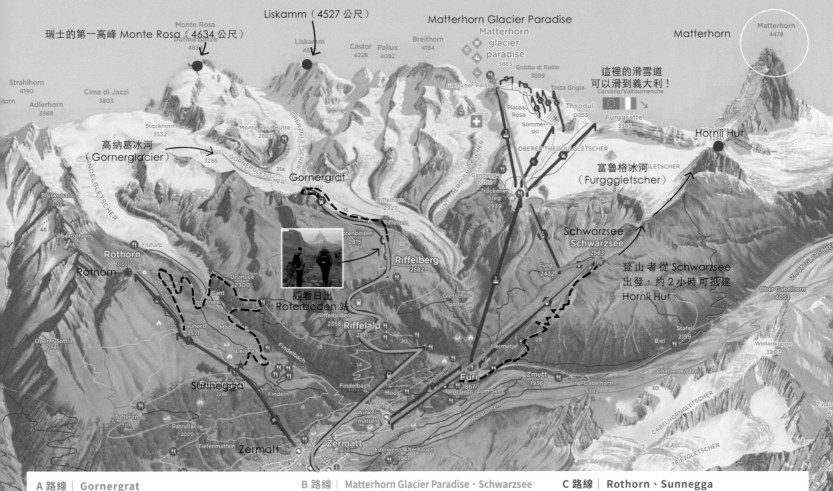

瑞士的第一高峰 Monte Rosa（4634 公尺）

Liskamm（4527 公尺）

Matterhorn Glacier Paradise

Matterhorn

Monte Rosa
Dufourspitze
4631

Strahlhorn
4190

Cima di Jazzi
3803

Adlerhorn
3988

Liskamm
45

Castor
4228

Pollux
4092

Breithorn
4164

Matterhorn
glacier
paradise
3883

Gobba di Rollin
3899

Matterhorn
4478

這裡的滑雪道
可以滑到義大利！

Cervinia/Valtournenche

Stockhorn
3532

Monte Rosa Hütte
2883

Gletscher-Palast

Testa Grigia

Theodul-
pass

Furggsattel
3365

Hörnli Hut

高納葛冰河
（Gornerglacier）

Hornli
3286

Plateau
Rosa

Sommer-
ski

富魯格冰河
（Furggletscher）

Pfulwlgpass
3155

GORNERGLETSCHER

Gornergrat
3089

Gandegg-
hütte

OBERER THEODULGLETSCHER

Oberrothorn
3415

Riffelhorn
2927

Trockener
Steg
2939

Schwarzsee
2583

登山者從 Schwarzsee
出發，約 2 小時可抵達
Hörnli Hut

Rothorn
3103

Fluhalp

Riffelsee

Riffelberg
2582

Furg
2432

Ober Gabelhorn
4053

Rothorn

Grünsee
2300

Rotenboden
2815

觀看日出
Roterboden 站

Riffelalp
2211

Gletscher-
garten

Flauherd
2571

Moosjisee

Riffelboden
2358

Findelbach

Zermatt
1620

Zmutt
1936

Unt. Gabelhorn
3392

Stafel
2199

Sunnegga
2288

Findeln

Findelbach

Moos

Furi
1867
Blatten

Zum See

Wellenkuppe
3963

Chalbermatten

Tufteren
2215

Winkel-
matten

Zermatt

Edelweiss Alterhaupt
1961

Zinalroth
4221

A 路線｜Gornergrat

Zermatt（1620 公尺）→ Gornergrat（3098 公尺）

景色｜可欣賞到馬特洪峰與羅薩峰等 29 座海拔 4
千公尺以上的山峰、阿爾卑斯山區第二大冰河—高
納葛冰河。

登山交通｜齒軌火車

B 路線｜Matterhorn Glacier Paradise、Schwarzsee

Zermatt（1620 公尺）→ Schwarzsee（2583 公尺）
→ Matterhorn Glacier Paradise（3820 公尺）

景色｜群山峻嶺、壯麗冰河。

登山交通｜8 人座的空中纜車及 120 人的大型纜車

C 路線｜Rothorn、Sunnegga

Zermatt（1620 公尺）→ Sunnegga（2293 公尺）
→ Blauherd（2577 公尺）→ Rothorn（3100 公尺）

景色｜漂亮又寂靜的 5 個湖泊之旅。

登山交通｜在山洞中行駛的齒軌纜車、4 人座的空中
纜車

馬特洪峰山腳下的環保山城

下午 4 時多，列車載我們來到環保山城策馬特（Zermatt），這個 1620 公尺高的小鎮，就是前往馬特洪峰（Matterhorn）的必經站。步出車站，即見到大街上擠滿世界各地的旅客，有人剛下車抵達，也有人剛從旁的 Gornergrat 登山車站步出，在其他大型火車站也未見到如此熱鬧的盛況（左圖），自己也不禁為即將欣賞到馬特洪峰而興奮起來！

居民投票通過策馬特成為無車輪的城鎮

策馬特位於狹長的 Mattertal 谷地上，被 38 座超過 4 千公尺的高山所環繞，昔日只是偏遠的小農村，因擁有觀賞、攀登馬特洪峰的優良地理位置而興起。小鎮有 6 千名居民，卻沒有因為馬特洪峰這個「大靠山」而肆意開發，在公開投票下通過，1990 年開始成為「無車輪的城鎮」，使得這個原本已經遠離塵囂的山區小鎮，空氣更加清新無污染。

用雙腳去認識這小鎮

鎮內的交通就是電車、電動計程車和電動巴士，來往車站、登山車站與旅館之間。如果是自駕遊，車子要先停在 5 公里外的 Tasch 鎮，然後坐火車進入小鎮，車程約 12 分鐘。因此，策馬特車站外就有多部旅館的小型電動車，在等候入住的旅客（右圖），我們將行李寄放在旅館的車子上，讓司機先把行李送到旅館，自己則迫不及待用雙腳花個 10 幾分鐘走走路、散散步，認識這個美麗山城。

隨著高高低低的地勢，策馬特的房子建於山谷中、河流旁，再配上雄偉的馬特洪峰，無論從哪個角度看，都一定是美極了的景色！

特殊建造的 16 世紀的古老建築

火車站前的班霍夫大街（Bahnhofstrasse）是鎮上最熱鬧的街道，商店、餐廳、超市比比皆是。不要忘記車站旁的旅遊中心，可以索取非常有用的官方地圖，除了計畫前往的各個觀景點，鎮上完整保留了 16、17 世紀的古老建築，也可請職員一併替你在地圖上圈出來！這些古老木屋以黑色落葉松木所建造（左下圖），除了供人居住，也用來儲存糧食。以前屋子裡常會放

醃肉、火腿、香腸等食物，很容易引來老鼠，所以早期的瑞士人想出了特殊建造方式來防鼠，就是先用木柱或石柱當地基，然後再放上扁圓狀的石塊，這樣老鼠就爬不上去了。

租一雙好的登山鞋

大街上的運動用品店也特別多（右上圖），登山、滑雪、露營、單車……總言之在山上會用到的東西，都可以購買或租借。接下來的三個整天我們都會健行，每一段都會是數小時，本身只穿著輕便 Birkenstock 鞋子的我們，事前便計劃租借具防水機能的登山鞋。至於哪一間商店值得推薦？建議多問幾間，比較價錢即可。以我們為例，男女的登山鞋是相同價錢，一次租借三天（右下圖），一雙的費用為 53 瑞郎。評價如何？穿得舒服，又能保護雙腳，走在雪地裡，雪不會滲入鞋子裡，在後面的文章中，可見到我們健行的路段有不少是上坡路、下坡路，或是充滿石子的小路，很難想像如果沒有這雙登山鞋要如何走過？！

從車站走到底是中央廣場，這裡有一座教堂 Parish church of St. Mauritius，是鎮上節慶活動舉辦的地點。教堂左方還有 Matterhorn Museum，都是很值得參觀的地方，建議每天遊覽完山上的景點後，可以抽時間去觀賞。

不用上山也可觀賞到馬特洪峰

基本上，在鎮上散步時，只要沒有被房子阻礙視線，大家都可以欣賞到馬特洪峰，其中有個公認的「最佳觀賞點」，就是從教堂

向右轉，走到河邊，站在橋上，在這可無阻礙、清晰地觀賞馬特洪峰，搭配河川兩旁的仿傳統木造旅館，視線順著河川往上延伸，組成層次豐富的構圖。

因此，許多人都推薦這裡，一個又一個的旅行團源源不絕來到，我們常聽到說著世界各國語言的導遊在熱烈介紹著，黃昏是聚集最多人的時候，大家爭著觀看日落的浪漫景色。另外，人們也會在天未光亮前，在冷風中步行到這裡，為的是一睹難得的「黃金日出」。至於我們比較幸運，不用跟其他旅客在橋上爭位置，也不用在天未光前來到，因為我們的旅館就在橋的旁邊，每天隨時在自己房間陽台上，舒服寫意地觀看到馬特洪峰！

兩幅照片都是在「最佳觀賞點」拍攝，左圖是黃昏時段，人潮最多，等待著日落美景；右圖為下午3點多，在明亮的天色下，展現出完全不一樣的氛圍。

坐上特別班次登山觀賞絕美的黃金日出、阿爾卑斯山群峰全景

當旅程落幕，回頭一看，才發現許多深刻、動人的畫面都與馬特洪峰（Matterhorn）有關。這個難忘的回憶，就在第一個晚上過後的清晨5點整，當天空還是一片漆黑，我們穿著禦寒衣服摸黑步出旅館，一點睡意也沒有，心情滿是期待和興奮，因為即將要搭登山火車的特別班次上山，觀賞全世界為之驚嘆的「馬特洪峰黃金日出」！

出發囉，記得要坐在車廂右側，就可以一路欣賞馬特洪峰！

與導遊一起去車站（05：00）

抵達車站（05：09）

列車開動（05：25）

黑暗中的山峰（05：28）

山峰露面了（05：35）

在 Rotenboden 站下車（05：53）

特別的行程、特別之人

特別難忘的行程，不只來自一幅又一幅美景，也因為特別之人。這天陪伴我們的導遊是年屆70多歲的 Amade Perrig，常因外貌酷似美國前總統克林頓而有種種的美麗誤會，退休前更是策馬特旅遊局的主席，對這一帶和各個山峰都十分熟悉。

就在他的帶領下，我們走了一段2個多小時的健行路線，部分路段是一般旅客不會走的山路，如果沒有他的話，我們不太可能獨自行走。

A 路線 Sunrise on Gornergrat

策馬特有「三大路線、五大觀景點」可欣賞馬特洪峰，這天我們要完成「A 路線：Gornergrat」，交通工具是 Gornergrat railway 的齒軌列車，夏天的首班次是 07：00（冬天為 08：00），每年 7 月初至 8 月底的周四才有「Sunrise on Gornergrat」，旅客可以坐上比首班次還要早的特別列車，出發時間因日出時間而定，就像這天的日出時間預計為 06：17，列車便定在 05：25 出發，到 8 月末的特別班次，則是 06：00。

因此，「Sunrise on Gornergrat」就是一個期間限定的「看日出的鐵道套票」，需要在前一天 16：00 前付款報名，包含去程的車票（Zermatt → Rotenboden（在此站下車看日出）→（看日出後再上車）Gornergrat）、在 Gornergrat 觀景台享用自助早餐及欣賞音樂表演、回程車票（Gornergrat → Zermatt），票價為大人 99 瑞郎、孩童 6 至 16 歲 39 瑞郎，Swiss Travel Pass 不適用。

前往最佳觀賞點（06：00）

上天的眷顧：日出美景

大約估計有 70 至 80 人坐上這班特別車，我想大家的心情除了興奮，可能還帶點緊張，心裡想著今天能看到日出嗎？只因 Amade Perrig 說昨早較多雲霧、天色又不太好，黃金日出並沒有出現，鎮上很多人都很失望。所以要看到日出美景，真是看上天的眷顧！

大地籠罩在一股充滿期待的寧靜氣氛。

靜待中……（06：10）

看日出的地方並不在終點站

載我們上山的高納葛拉特鐵道（Gornergrat Bahn，簡稱 GGB），跟之前在琉森搭乘的皮拉圖斯登山鐵路一樣都是齒軌鐵路，GGB 則是瑞士第一列及世界第二列的電動登山齒輪鐵道，於 1898 年開始運行，車站包括 Zermatt（1604 公尺）、Findelbach（1770 公尺）、Riffelalp（2211 公尺）、Riffelberg（2582 公尺）、Rotenboden（2815 公尺）及 Gornergrat（3089 公尺），高低差距 1485 公尺，全長 9 公里，車程為 33 分鐘。

但不要以為看日出的地方就是終點站，其實是 Rotenboden，為何？因為那裡提供了十分理想的優美環境條件。

列車準時開行往上爬，窗外一開始還是漆黑一片，隨著曙光展現，逐漸拂照在四周的山脊上，群山的容貌已逐漸顯露，我們的主角馬特洪峰亦在遠處露面，跟大家打招呼！駛過了

Riffelalp 站，山上天色明亮起來，暗自心想究竟日出的一刻會怎樣呢？

 ## 馬特洪峰已清晰地倒映在湖面上

　　火車停在 Rotenboden 站，剛好是 05：53，很接近日出時間 06：17，大家魚貫下車，步行不到 10 分鐘便來到「最佳觀賞點」，原來斜坡下有一個利菲湖（Riffelsee），這時馬特洪峰的倒影已清晰地在平靜的湖面上浮現，多等一會兒，黃金日出的美景會倒照在湖上嗎？說真的，來到這一刻，站在山上的每個人已放懷地微笑起來，當下的能見度相當高，心想今天定必看得到啊！

GGB 鐵道在一般路軌中間放置一條特別的齒軌，就可以攀爬陡峭的斜坡。

大自然的奇妙結合｜黃金日出

　　時間一到，又遇上好天氣，晨光與山峰便會發生「大自然的奇妙結合」，馬特洪峰的尖頂開始呈現金黃色的光芒，一點一點逐漸緩緩地向下伸延，大家雖然很想保持清晨的寧靜，但在如此奇景之前，無不動容，還是不禁發出陣陣的歡呼與讚嘆聲！

　　好天氣並在對的時間裡，還配上了清澈的湖泊，馬特洪峰另一個經典的構圖亦可出現：不要以為「黃金日出」只有一個，把視線擴大，一個焦點變成兩個焦點，完美的馬特洪峰金黃色倒影其實早已在湖面上呈現，獨特的「倒影成兩峰」像奇蹟一樣活現眼前！

登上整個區域最高處的平台，可看到葛拉特觀景台的全貌，以及阿爾卑斯山群峰。
Gornergrat 站（3089 公尺）→ Gornergrat 觀景台（3100 公尺）→ Aussichts plattform（3131 公尺）

壯觀雄偉、氣勢磅礴的阿爾卑斯山群峰全景

再度坐上火車，不用幾分鐘便抵達最後一站，火車到達 Gornergrat 站後，已是 3089 公尺，Gornergrat 觀景台要再上去一點，接著沿著觀景台旁的爬坡走上去，便是最高的 Aussichts plattform，最後的重頭戲了！

3100 公尺的 Gornergrat 觀景台，其實是擁有兩個圓頂天文台的旅館 Kulmhotel Gornergat 的一部分，它也是瑞士最高的旅館，住宿在這裡就能看到滿天星斗的迷人夜景與黃金日出的馬特洪峰。「Sunrise on Gornergrat」包含的自助早餐，就是在這裡的餐廳，我們這群今天最早上山的旅客，終於坐下來休息，最棒的就是找個窗邊的座位，便可以一邊觀賞高山的風景，一邊享用豐盛早餐，這大概是人生中最美好的早餐之一吧！

最接近觀景台又帶來最震撼的視覺享受

爬上整個區域最高處的平台，Aussichts plattform 有 3131 公尺之高，是一片由大大小小的石塊圍起的瞭望平台，四周完全沒有任何遮蔽、視野遼闊，可以看得好遠好遠。當下馬特洪峰不再是唯一的主角，周圍 20 多座 4 千公尺的山峰、6 條冰河（分佈圖見後頁），都是獨當一面的主角，正在上演一場「壯觀雄偉、氣勢磅礴的阿爾卑斯山群峰全景」；以距離來說，最接近觀景台又帶來最震撼的視覺享受，從左至

右，分別是歐洲第二長的高納冰河（Gornergletscher）、瑞士最高的山峰羅薩峰（Monte Rosa，4634 公尺）、葛倫茲冰河（Grenzgletscher）、卡姆峰（Liskamm，4527 公尺）。

整個美景由我們獨享，太幸福了！

居高臨下欣賞如此雄偉的全景，除了讚嘆、震撼，實在沒有太多話可形容；此時此刻，大批遊客還未上來，我們這一群幸福的人充份感受到高山的早晨之美，不久之前有幸同時目睹「黃金日出」與「倒影成兩峰」，現在又能在空蕩蕩沒什麼人的平台上，靜靜、寫意、盡情地欣賞，彷彿整個美景由我們獨享！

（左一）火車到達 Gornergrat 站，其上面是觀景台及旅館。
（左二）參加「Sunrise on Gornergrat」的旅客，在觀景台內的餐廳享用豐富的自助早餐。
（右二）我們聊一下接下來的健行路線，將會是另一趟特別體驗。
（右一）邊吃早餐、邊欣賞瑞士民謠歌曲。表演的人在前頁的圖片已出現過，就是那位面對馬特洪峰吹奏的人。

瑞士的最高峰
羅薩峰（Monte Rosa，4634 公尺）

阿爾卑斯山脈中第二長的冰河
高納冰河（Gornergletscher）

葛倫茲冰河
(Grenzgletscher)

利斯卡姆峰
(Liskamm，4527 公尺)

天朗氣清真好，眼前的一切都清楚可見，
我們像是被群峰與冰河圍繞著，無憾了！

（最左）空蕩的 Gornergrat 觀景台，獨享美景。
（左中）最高點（3131 公尺）的觀景台，咫尺之近的冰河。

（右中）藍天陽光照射下，仿如藍寶石一樣的冰河，閃亮迷人。
（最右）起行，繼續去尋找更多想像不到的美景。下一篇文章
便是我們沿著此路踏上「a little diffcult」的健行路線。

遊覽 Gornergrat 的行程規劃

　　我們因為要同時觀看「黃金日出」與「倒影成兩峰」，所以先在 Rotenboden 站下車，看完後再坐車上到 Gornergrat 站。事實上，較多人傾向先到最高的 Gornergrat 站，觀賞後再選擇一段健行路線下山。最常見是從 Gornergrat 站步行至 Rotenboden 站，走 22 號步道，約半小時。在湖邊欣賞馬特洪峰的倒影後，繼續走 22 號步道，多花半小時便走到 Riffelberg 站，那時才搭車返回小鎮，這樣的安排算是一段輕鬆的健行。

　　此外，在小鎮上亦可觀賞到馬特洪峰，黃金日出也可以看到，前面文章已分享了鎮上的最佳觀賞點，可是要同時觀看「黃金日出」與「倒影成兩峰」，大概只有坐上特別班次，在日出前抵達湖泊才有機會目睹。

💰 登山的好時機：想避開人群，感受高山的晨之美

　　中午過後，山上就會起雲霧，最好搭乘第一、二班列車上山（夏季是 07：00 及 08：00，之後每 24 分鐘便有一班），可以享受到最寧靜也最清晰的美景，9 點過後遊客也會開始變多。

INFO

高納葛拉特鐵道 Gornergrat Bahn

網址 | www.gornergratbahn.ch
票價 | Gornergrat → Zermatt　詳情可查看網頁，持 Swiss Travel Pass 可享半價
Sunrise on Gornergrat | 包含去程車票（Zermatt → Rotenboden（看日出後再上車）→ Gornergrat）、自助早餐、回程車票（Riffelalp → Zermatt），價錢為大人 99 瑞郎、孩童 9 至 16 歲 39 瑞郎，Swiss Travel Pass 不適用。
Kulmhotel Gornergrat | gornergrat-kulm.ch

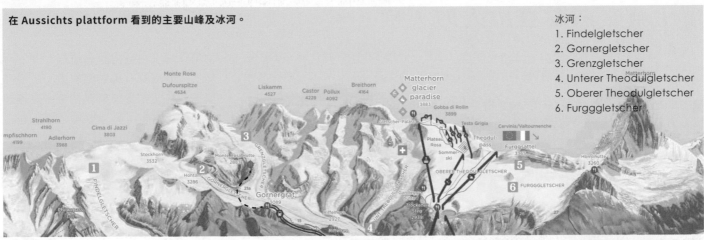

在 Aussichts plattform 看到的主要山峰及冰河。

冰河：
1. Findelgletscher
2. Gornergletscher
3. Grenzgletscher
4. Unterer Theodulgletscher
5. Oberer Theodulgletscher
6. Furggletscher

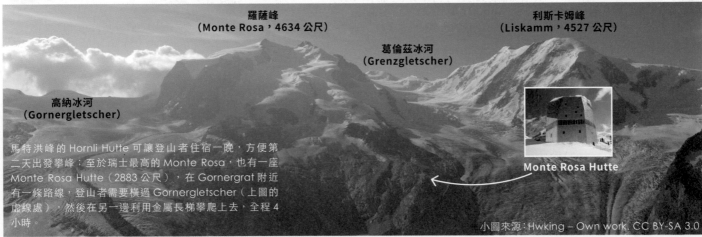

羅薩峰
（Monte Rosa，4634 公尺）

葛倫茲冰河
（Grenzgletscher）

利斯卡姆峰
（Liskamm，4527 公尺）

高納冰河
（Gornergletscher）

Monte Rosa Hutte

馬特洪峰的 Hornli Hutte 可讓登山者住宿一晚，方便第二天出發攀峰；至於瑞士最高的 Monte Rosa，也有一座 Monte Rosa Hutte（2883 公尺），在 Gornergrat 附近有一條路線，登山者需要橫過 Gornergletscher（上圖的虛線處），然後在另一邊利用金屬長梯攀爬上去，全程 4 小時。

瑞士就是熱愛登山人的天堂

那天我們徒手從阿爾卑斯路線往下攀爬

上一篇的提要，我們在 Gornergrat 觀景台觀賞了阿爾卑斯山群峰全景，接下來便開始健行……沒料到，這趟健行也成為另一個難忘的片段。

根據官方的地圖，從 Gornergrat 觀景台到下面的 Rotenboden 站，有 15 及 22 號步道，都是輕鬆的熱門路線，30 至 40 分鐘可抵達。導遊 Amade Perrig 說：「很多人已經從這兩條步道出發，另一邊還有一條步道，比較少人走，你們有興趣嗎？」他指一指那一條沒有編號的步道，只見稀稀落落的人影在冷清的步道上，又聽到他說著，這步道只是「a little difficult」！

踏上 a little difficult 的健行路線

「a little difficult」，對於這位前策馬特旅遊局主席來說，是代表哪一種層次呢？對於初次在瑞士高山健行的我們，又會是怎樣的程度呢？心存疑惑，不過我想他也評估過，在他專業的帶領下，我們應該可以的。就是這樣，我們沒有走上熱門的路線，從反方向展開不一樣的健行之旅。

完善的健行路線

瑞士的登山線路十分密集又多樣化，主要分為徒步類及非徒步類，非徒步類包括單車路線（cycling）、登山單車路線（mountain biking）、滑冰路線（skating）及獨木舟路線（canoeing）等。所有類別的路線都有清楚的標示，全國統一標準。

至於徒步路線就有三種，程度由淺易至艱難，分別是遠足路線（Hiking trails）、登山路線（Mountain trails）及阿爾卑斯路線（Alpine trails），標誌的顏色是黃色、白紅白及白藍白，十分清楚。上面提及有編號的步道，是當地旅遊局在密密麻麻的路線中，挑選適合一般旅客的大眾化路線，標示在官方地圖上，程度以遠足路線為主，部分則是登山路線。此外，路線的周邊通常規劃了許多設施、餐廳與接駁交通，旅客們都是搭火車上山之後，再健行一段路，甚至完全不搭火車直接走回策馬特，因為健行一定能夠看見更多阿爾卑斯山脈的美！

氣溫變得暖和，卸下禦寒衣服，便可以出發囉！

凝視著前方，我們是朝向冰河而行嗎？
簡直像是夢一場啊！

Part ❶ 在 3 千公尺上的登山路線

　　我們所走的路線大致分為三段，首段是登山路線，剛開始時並不知道，因為路邊不見任何指示牌，大概那裡不是這條登山路線的起點吧，我只依靠路邊的一塊大石上「白紅白」的標誌（左圖）才知道。這段登山路線是一段兩旁佈滿大小石頭的山路，高低起伏不多，就像在平坦的路面上前進，特別的是當下身處於 3 千公尺以上的高山上，一路上有令人心曠神怡的冰河美景。

🧳 每走一步便看得愈清楚、愈感到美得不可思議

　　不久之前在 Gornergrat 觀景台觀賞風景，那是個定點的欣賞方式，這段路上我們則是以移動方式，邊走邊看轉變中的景色，那壯麗的山峰及冰河隨著我們向前移動，仿似愈來愈接近（事實上還有很遠的距離），每走一步便看得愈清楚、愈感到美得不可思議。在一片異常亮麗的陽光下，與厚厚的雲霧遮蔽著，眼前的冰河好像變成一道散發著耀眼光芒、沒有盡頭之通道，想像著如果能走到那一端，到底會看到怎麼樣的景色呢？我想，必定是一輩子也不會忘記的畫面！

　　Amade Perrig 介紹，我們其實走在一段稱為「Gornergrat-Hohtalli」的路線，往東邊走約 1.6 公里，1 小時便到達 3286 公尺的 Hohtalli，比起 Gornergrat 觀景台還高一點點，那裡有空中纜車站，在滑雪旺季才運行，可載人到 2 公里遠的 Stockhorn 山峰（3532 公尺），有一處滑雪場地。

　　30 分鐘後，來到挑戰性的轉折點，路邊出現標示牌（中圖），除了有指向「Hohtalli」的小指標外，還有白藍白的小牌子，寫著由此往下走的分岔路就是阿爾卑斯路線（Alpine trail）！

Hohtalli
（3286 公尺）

走到這一端，到底會遇見怎樣的景色呢？
我想，就是一輩子都會想起的畫面！

Stockhorn
（3532 公尺）

Part Ⅱ 在 3 千公尺上的登山路線

　　原來，標示牌旁有一條狹窄又陡峭的分支路，就是阿爾卑斯路線（Alpine trail），接下來我們改從這條小路往下走。步行下去前，細閱「Alpine trail」牌子，上面印有四國語言的說明文字，文字中有這樣一句：「Particularly dangerous path with climbing points and glacial crossings」，「climbing points」 及 「glacial crossings」這兩個關鍵詞已點出我們有可能面對的困難！

只容許一人而行的陡峭山路

　　這段阿爾卑斯路線，就是指我們從高處往下走到低處，粗估至少有 100 公尺，中間是一段十分陡峭的山坡，全程沒有繩索或其他輔助設施。整段狹窄小路只容許一個人行走，如有人從後方或迎面走來，必須要停步讓路。毫無疑問，小朋友、老人家或腳力不穩的人士就不適合行走這一段。

從「之」線而下，到無路可走……

　　小路的初段以「之」線而下，對於正值壯年、腳步穩健的我們，只要打起精神、緩步而行，驚險度還未達至高水平，只是不能邊走邊看風景而已。走過了幾次「之」線後，忽見 Amade Perrig 停下腳來，回頭提醒我們要集中精神，因為這一刻開始是「無路可走」，要用雙手扶著兩旁的石塊，攀！爬！下！去！

高山植物的美麗綻放

也許是有位資深健行專家作伴，也許是早有徒手攀爬的心理準備，所以一點驚慌失措也沒有，反而更覺挑戰性，讓此行倍添樂趣就是這一刻！

一件好了不起的事情

Amade Perrig 先行，我們盯著他徒手攀爬下去的每一步驟，抓過、踏過哪一塊岩石，我們也跟著做，一塊岩石之後又是另一塊岩石，驚險度雖然提升，我們最後也成功，順利抵達下方的出口。抬頭一看這段位於陡峭山坡的阿爾卑斯路線，半個小時前還在遙遠的上方，感覺自己好像完成一件好了不起的事！不知名的阿爾卑斯高山植物，各有風采，都是在陡峭山坡上奮力生長的小生命。這裡只是部分，現場我們看見的種類更多，如此美麗動人的發現，意料之外也成為這回健行的寶貴收穫！

獎勵自己，一起享受豐盛大餐吧！

　　最後一段路又是另一條登山路線，經歷過阿爾卑斯路線，這段變得簡單輕鬆。大半個小時後，我們回到今早看日出的 Rotenboden 站了，有種仿如隔世的奇妙與感動。不說不知，Amade Perrig 原來也熱愛繪畫，並擅長油畫，於是我們趁著火車到達前的十多分鐘，就在馬特洪峰前寫生起來，本頁的畫就是 Jackman 在那裡完成，回到旅館才上色。

　　真正最後一站，就在 Riffelal 站附近的 Al Bosco 餐廳，走了這麼多路，又完成了不起的事情，一定要好好獎勵、回報自己，享受豐富大餐吧！

Rotenboden 站

Riffelal 站附近的 Al Bosco 餐廳

中午之時，馬特洪峰已被雲霧擁抱躲了起來。幾小時前，有緣欣賞到的黃金日出畫面，依然深刻地在腦海裡縈繞回旋中。

實用資料 | 瑞士的三種徒步路線

1. 遠足路線（Hiking trails）

標誌｜黃色

程度｜淺易（easy）

特點｜輕鬆易行的大路，不用經驗、地圖，一雙合適的登山鞋便足夠。

編號的遠足路線

有編號的路線是 Hiking trails 或 Mountain trails，旅遊局在眾多的遠足線路中，挑選出特別適合一般旅客行走，通常是從各個車站延伸出來，不但交通方便，還有各式各樣的主題，看山、看湖、看冰河，或是看動物、看植物，通通都有（路線牌上也有山、湖、動物等圖案）。數十條編號的步道都有標示在官方地圖上，也分為三種程度 easy、medium、difficult，但不要誤以為是 Hiking trails、Mountain trails、Alpine trails 這三種程度。

2. 登山路線（Mountain trails）

標誌｜白 - 紅 - 白

程度｜中度（medium）

特點｜以狹窄的步道為主，較難的路段會設有繩索等協助登山人士；需要防滑的登山靴及應對不同天氣的裝備。

3. 阿爾卑斯路線（Alpine trails）

標誌｜白 - 藍 - 白

程度｜艱難（difficult）

特點｜狹窄又陡峭的山路，需要攀爬沒有繩索的山坡，甚至使用繩索或碎冰錐，最重要的是可能需要橫越冰河。身心狀態要求較高，能在遇到困難時知道做出正確的決定，腳步穩健、無眩暈症或懼高症；建議獨自登山者由經驗豐富的嚮導陪同，防滑登山靴及應對不同天氣的裝備更是必備。山中的天氣可謂變化莫測，儘管出發時天氣晴朗，仍要帶上厚衣服或夾克外套以應對極端天氣。

上、中牌是 Hiking trails，中牌的三條路線都有編號，分別是 28、25 及 29 號，就是旅遊局推薦的路線。下牌是適合坐輪椅人士的路線。

我們所走的 Alpine trail，掛有這塊指示牌，打算行走的話，記得詳閱上面的文字。

Alpine trail: Particularly dangerous path with climbing points and glacial crossings. For us at your own risk. Mountaineering equipment is essential. Only for experienced hikers without vertigo. Keep an eye on the weather and length of the tour. Wet paths and terrain are dangerous, pay attention.

旅館篇 |
訂一間面向馬特洪峰的房間　　讓自己從早到晚都能舒適欣賞美景

前篇提到在策馬特鎮上也可看到馬特洪峰，如此推斷，這裡的旅館房間也是面向著它，住客可以舒服地在房間內，由清晨到晚上自在地欣賞著名山。因此，旅館只要有提供馬特洪峰景觀的房間，都會清楚列明，通常房間會大一點、豪華一點，房價自然提升不少，屬於較高級的房間。

打算入住「馬特洪峰景觀的房間」的話，一定要看清楚是否列明「Matterhorn View」，這樣才不會出錯；如果只是「Mountain View」，那並不是馬特洪峰景觀，屬於較次等、有山景的房間；再次一等的房間，就是沒有景觀的。第二點也很重要，就是注意房間有沒有陽台，「balcony with Matterhorn view」才是一等一的好景觀房間，否則房間只是提供「馬特洪峰的窗景」而已。

 （一）住在有大陽台可看到馬特洪峰的房間

正如之前所說，我們的住宿預算，在前面的四個城市會較少，把較多預算押在最後三個住宿地方。Hotel Bristol Zermatt 是我們在策馬特的旅館，位置就在上一篇提及的「最佳觀賞點」旁。

網址 | www.hotel-bristol.ch

這裡列出 Hotel Bristol Zermatt 的部分房間給大家參考。

1. **Deluxe Double Room with Matterhorn View**
   27 平方公尺，每晚 258 瑞郎（含早餐，不可退款）或 286 瑞郎（含早餐，可免費取消預約）
2. **Double room with Matterhorn view**
   20 平方公尺，每晚 239 瑞郎（含早餐，不可退款）或 266 瑞郎（含早餐，可免費取消預約）
3. **Double room with mountain view**
   16 平方公尺，每晚 211 瑞郎（含早餐，不可退款）或 234 瑞郎（含早餐，可免費取消預約）

 （二）短期公寓 Apartment

鎮上除了一般的旅館外，也有很多的短期公寓，可多人同住，尤其適合喜歡到超市買食材回來料理的旅客。例如 Hotel Bristol Zermatt 也有提供短期公寓（另一棟建築），提供煮食及洗衣設備，不提供早餐，房價為 267 瑞郎（不可退款）或 297 瑞郎（可免費取消預約）。

 （三）策馬特的青年旅社 Zermatt Youth Hostel

Hostel 也是不錯的選擇，除了提供多人房間的床位（每人 36.5 至 39.5 瑞郎），也有雙人房（獨立浴室），每晚為 131 至 175 瑞郎，住客可享免費早餐。

網址 | www.youthhostel.ch/zermatt

賴在床上舒舒服服地看「黃金日出」

我們入住了「Deluxe Double Room with Matterhorn View」，雖然事前已知道房間有 27 平方公尺，但當真正踏入房間的那一刻，還是被這麼大空間弄得興奮不已。

說真的，唯一事前無法掌握又令我擔心的，就是陽台到底有多大（有不少旅館雖表明房間有陽台，但其實是超級迷你型），結果發現房內竟有兩道門可通往陽台，就是這個大陽台讓我感動不已；接近睡床的那道門是最讚的，沒有住過的人可能不太能理解，就是在床上或躺或坐都可以清楚看到馬特洪峰，尤其是在快到日出之時，當你極不願意下床走到涼風陣陣的外面，可以賴在床上舒舒服服地看「黃金日出」，真是無話可說的好！

這露台也是 Jackamn 的夢幻寫生舞台，旅程中滿意作品之一就在此誕生。

住客亦可在旅館的花園欣賞到名山。

感恩，又幸福。

我們在策馬特住了四個晚上，即是有「四個清晨」的機會可以看到「黃金日出」。在第一次的機會中，我們真的很幸運，能坐上第一班登山列車到山頂欣賞「黃金日出」，因為根據與我們一起上山的 Amade Perrig 所說，這幾天的天色一直不太好，每一位摸黑上山的遊客都極為失望。

我們深深期盼著若能再看一次便心滿意足，此行無憾！於是接下來的三天都調了 6 點整的鬧鐘，迎接在 6 點 10 多分出現的清晨第一道光；結果，第二及四個清晨，不是烏雲密佈便是下雨，跟「黃金日出」的再度相遇，就發生在第三個清晨！

鬧鐘一響，眼睛自然地立即睜開，從睡床上看到沒有一片白雲的灰色天空，心裡不禁叫好，直覺這天定必看得到啊！我們雙雙走到露台，靜靜地等待第一道陽光從東面過來，一會兒，馬特洪峰最頂部分真的開始發光了！

「黃金日出」二度在我們眼前展現，能再一次見證到大自然的奇妙與絕美，多麼值得感恩！

🧳 策馬特的全年日出時間

1 月	8:10-7:50	2 月	7:50-7:10	3 月 1-24 日	7:10-6:20	轉夏令時間	3 月 25 日 - 4 月尾	7:22-6:17
5 月	6:16-5:42	6 月	5:41	7 月	5:42-6:09			
8 月	6:11-6:48	9 月	6:9-7:25	10 月 1-27 日	7:27-8:02	轉冬令時間	10 月 28 日 -11 月尾	7:03-7:49	12 月	7:50-8:10

全歐洲最高的纜車站

登上天堂觀賞 4 千公尺以上的阿爾卑斯山群峰全景

Schwarzsee

策馬特山區五個主要觀景點中最靠近馬特洪峰的地方，回程時，我們從這裡開始健行，返回山下的小鎮，雖然是一段登山路線（Mountain trails），一點也不覺得難走。

經過在海拔 3 千公尺的 Gornergrat 觀景台洗禮後，已被阿爾卑斯山的美景吸引得無法自拔；第二回上山，我們要登上小馬特洪峰（Klein Matterhorn）山頂的馬特洪峰冰川天堂（Matterhorn Glacier Paradise），其觀景台 Glacier Paradise 位於海拔 3883 公尺，是歐洲最高的纜車站，高了快 1 千公尺，可以看到更廣闊的群峰峻嶺吧！

馬特洪峰冰川天堂，這條纜車線在策馬特小鎮的後方，需要步行 10 多分鐘，Zermatt → Furi → Schwarzsee → Furgg → Trockener Steg → Matterhorn Glacier Paradise，其間需要換乘不同大小的纜車。我們的行程是上半段先到馬特洪峰冰川天堂，午餐後坐纜車下到 Schwarzsee，是另一個馬特洪峰主要觀景點，從那裡健行下山返回小鎮上。

眺望阿爾卑斯山群峰的全景

接近 1 小時抵達歐洲最高的纜車站，少女峰則是歐洲最高的火車站，而這裡的高度又比少女峰車站高了 4 百多公尺，也是旅程中我們登上最高的地方！第一時間步上展望台，階梯旁設有警告標示：「這裡已經是空氣稀薄的高山，請緩慢地行動，注意高山症。」起初我們真的小心翼翼，慢慢地上到觀景台，幸好從頭到尾沒有覺得任何不舒服。雖然馬特洪峰冰川天堂是整條纜車路線中最高點，卻不是最靠近馬特洪峰的地方，反而是中途的 Schwarzsee，在 P.187 已經提及，攀登者是從那裡開始徒步上山。這裡的欣賞重點是遠眺阿爾卑斯山群峰的全景，馬特洪峰只是其一，四周還有 38 座海拔 4 千公尺以上山峰，一排又一排的山峰延伸到很遠很遠！

（左）拿著滑雪板及滑雪杖的遊客，準備在山上大顯身手。（中）在 Trockener Steg 站所搭乘的大型纜車。（右）觀看馬特洪峰紀錄影片後便可外出，登上觀景台。

Matterhorn

Italy

滿佈厚厚白雪的群峰峻嶺

假使問我 Gornergrat 與此地哪一個較吸引人？因為兩者的方向及高度不一樣，只能說是無法比較的，各有各的美及特色。不過，若要問在夏季登上這裡能不能看到最美的景色？我則可以明確地回覆：「不是，冬天才能。」

因為在冬天，群峰峻嶺都滿佈厚厚白雪，映入眼簾是一片銀光閃閃的世界，與多條冰河組成獨特的壯麗景觀，那時候才真正稱得上是冰川天堂（Glacier Paradise）！夏季積雪不多，只見各個山峰露出光禿禿的土灰色岩石，幾條冰河夾在群峰之間，景色雖廣闊卻比不上在冬天所見。

Breithorn

38 座海拔 4 千公尺以上的群山、壯麗冰河以及連綿的皚皚白雪可盡收眼底。

也許是將近 4 千公尺的緣故，覺得天空份外湛藍奪目，好像伸手真的可以觸碰到上帝似的。

登上 3883 公尺的觀景台，這個最接近天堂的天堂，有一個最靠近上帝的十字架。

成功登上 Breithorn
西山峰的登山者

山坡上的登山者

阿爾卑斯山 4 千公尺的山脈中最容易攀登的山峰

發現最接近觀景台的 Breithorn 這座山峰，是此行意料之外的收穫，高度 4164 公尺，跟馬特洪峰一樣也位於瑞士與義大利交界處。

「Breit」意思是「broad」，即是寬闊的，從我們這邊所見果然是一座很寬闊的山峰，陡斜度並不大，因此也被認為是阿爾卑斯山 4 千公尺的山脈中最容易攀登的一座，首次登峰的日期為 1813 年 8 月 13 日。她有幾個頂峰，最高為西山峰（4165 公尺），即是從觀景台看到的這個角度，其餘還有中山峰（4159 公尺）和東山峰（4106 公尺）。

Breithorn 的西山峰雖為最高，卻是最容易攻頂的路線，登山者坐纜車來到馬特洪峰冰川天堂，可從滑雪場（Snowpark Zermatt，觀景台的另一邊）出發，先走一段看來平坦的冰河，然後逐步走上山坡，大約 2 小時可攻頂。策馬特有位登山專家 Ulrich Inderbinen，擁有多次攀登 Breithorn 及附近山峰的豐富經驗，就在 1995 年 7 月，以 95 歲之高齡完成攻頂壯舉，安全返回。

此時，我們遠眺到一點一點的人影在平坦寬闊的冰河上緩緩向山峰移動中，那就是登山者吧，有些剛剛開始、有些已在斜坡上，仔細一看，頂峰上還有另一批人，他們在雪地上留下一條長長的、引以為傲的登峰足跡……

後來，上網觀看攀爬這座山的影片，攀爬者是數人一組，用繩索互相連接再攀爬上去；看得入神的我們忽發奇想，在登山專家的帶領下，我們可以展開 Breithorn 攻頂之旅嗎？

剛起步的登山者

Snowpark Zermatt

一年四季的大滑雪場

　　離開觀景台，走到下方的滑雪道，就是剛才提及可前往 Breithorn 的滑雪場（Snowpark Zermatt），整個區域的滑雪坡道有 21 公里的範圍，可說是歐洲夏季最大的滑雪區，也是歐洲各國滑雪國家隊的夏季訓練場地，即是世界級的滑雪高手競技之處。即使不是世界級高手，每年有無數滑雪愛好者來挑戰滑雪，甚至一路滑到義大利。不滑雪的遊客，可以玩玩各類冰雪設施，甚至在雪地上堆雪人或互砸雪球，一樣不樂亦乎！

冰河底下 15 公尺的冰河宮殿

　　返回觀景台內部，還有是一個冰河底下 15 公尺的冰河宮殿（Glacier Palace），是歐洲最高的冰河洞穴。其入口就是一個冰隧道，配合著藍色的燈光，有種處在奇幻深海底的感覺。裡面還有大小的可愛冰雕，特別適合小朋友來遊玩。

從 Schwarzsee 開始健行

　　在觀景台內的餐廳享用午餐後，我們便動身下山，回到 Schwarzsee 站展開健行。在這裡重溫一下，在 Schwarzsee 站可看到近距離的馬特洪峰。Schwarzsee 之所以有名，還因為車站外不遠處有一個小小的黑湖，湖邊有座小教堂，就在馬特洪峰的正下方，構成另一幅經典畫面。迷你的教堂建於 18 世紀初，相傳是當年兩位居民失蹤，後來奇蹟似獲救，因此興建教堂以庇祐山中的村民與登山客。

觀景台內的餐廳，窗外是白色的世界。

出發攻頂的攀登者

滑雪場的冰雪設施

冰河宮殿內的冰雕，大受小朋友喜愛。

傳說中黑色湖面的湖泊，
就在馬特洪峰的正下方。

近距離下多角度觀看馬特洪峰

黑湖，是指很多時候湖水看起來非常深沉，猶如黑色的水，可是這天傳說中的黑湖沒有出現，換來的是翠綠色的湖面。坐在湖邊一角，可看到巨大的馬特洪峰，因為距離近看起來感到特別大，沉沉的壓迫感從上而下，也因為太近了，導致山峰倒影全景無法呈現出來。據說在對的時候，是可以見到群山倒映的景色。

纜車站有一條向上走的 27 號步道，能走至 Hornli Hut，就是提供攀登馬特洪峰的人住宿一夜的地方。下山則有兩條步道，一條是 28 號步道 Larchenweg（Schwarzsee → Hermetje → Furi），預計時間是 1 小時 40 分鐘，另一條是繞一大圈的 29 號，時間則為 2 小時 55 分鐘。

走在 28 號步道上，會發現馬特洪峰沿途都在你的前面或上方，就像左頁的插畫一樣，更可以在山中小路從馬特洪峰的正面 90 度走到右面，在近距離下多角度觀賞其宏偉及細節，這真的要在山中健行才能看到或感受到，強烈建議大家預留時間在山中走一回。這條屬於登山線路（Mountain trails），標誌為白紅白，難度屬於中度，雖然有點陡峭及崎嶇，但所走的山路或石子路都很寬闊，只要穿上合適的登山鞋，便不覺難走，即使沒有帶登山杖，也可以輕鬆走回小鎮。

INFO

馬特洪峰冰川天堂 Matterhorn Glacier Paradise
網址 | www.matterhornparadise.ch
備註 | 持 Swiss Travel Pass 可享半價，亦可考慮雙峰票券（Peak2Peak），雙峰是指 Gornergrat 與 Matter Glacier Paradise，就是一天內遊覽兩大觀景區的特價車票。

（上）初段，我們在一大片平坦的草原中前進，馬特洪峰就在沿途的上方。
（中）開始走下坡路，揮別馬特洪峰，改為欣賞山谷的美景。
（下）最後進入樹林，途中遇上一群乳牛緩緩地走回農場，不久我們便回到小鎮上。

山光水色，猶如仙境

一開始說過，旅行中許多特別難忘的畫面都與馬特洪峰有關，除了其獨特的外觀，也因為這幾天裡，我們幸運地都遇上無風無雨、天朗氣清的好日子，期盼的好幾個經典的畫面如黃金日出、倒影成雙峰等，像諾言般逐一實現，在官方網頁看過「專門給遊客看的招牌照片」，跟我們真實看到的倒有八分相似。

策馬特有三大觀景線，其中 C 路線是 Zermatt（1620公尺）→ Sunnegga（2293公尺）→ Blauherd（2577公尺）→ Rothorn（3100公尺），就是最後一段健行所在地，我們也在晴朗的日子出發！

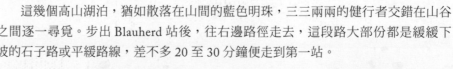 從較高的 Blauherd 站開始走下坡路

五湖健行路線（5-Seenweg，see 是德語湖泊的意思），即是 11 號步道，從較高的 Blauherd 站啟程（當然倒過來走也行，不過走上坡路會辛苦一些，時間也長一點），全長 9.26 公里，高度差 453 公尺，依序經過 Stellisee、Grindjisee、Grünsee、Moosjiesee、Leisee 五個大小不等的高山湖泊，最後走到較低的 Sunnegga 站，官網預計時間為 2 小時 30 分，邊走邊拍照的話，3 小時跑不掉。

策馬特整個區域有超過 150 個湖泊，不少湖泊可供人游泳，另一種可以欣賞到馬特洪峰的倒影，熱門的例子就是在 Gornergrat 景觀路線的 Rotenboden 站附近的湖泊（見 P.197），而這五湖路線便包含了這兩種湖泊，正是它成為熱門步道的原因。

山谷之間逐一尋覓

這幾個高山湖泊，猶如散落在山間的藍色明珠，三三兩兩的健行者交錯在山谷之間逐一尋覓。步出 Blauherd 站後，往右邊路徑走去，這段路大部份都是緩緩下坡的石子路或平緩路線，差不多 20 至 30 分鐘便走到第一站。

第 1 個湖泊：Stellisee

天氣晴朗又無風的日子，湖裡的倒影就能完全顯現馬特洪峰的身影了。平靜的
湖面倒映著馬特洪峰，這一刻仿佛時間都靜止了下來……
左邊的湖中倒影，再配上大小不一的石塊，如此優美的構圖，是不是很眼熟呢？
與官方網站看到的「招牌照片」已經很接近了。
接著，呈現沒有石塊的倒影畫面，哪一幅較好看呢？我說，兩幅都很討人喜歡呢！

第 2 個湖泊：Grindjisee

第 3 個湖泊：Grunsee

 第 1 站 Stellisee

　　好天氣無風的蔚藍天空下，Stellisee 湖面水平如鏡，宏偉的馬特洪峰身影清澈地倒映在湖水上，巨石彩色的紋路也在水面相互輝映，一切美不勝收，讓人仿佛走進畫卷之中。這個角度觀看馬特洪峰，形狀與之前在 Gornergrat 看的明顯不同。環湖走一圈，每個角度各有美感，時間仿如停止下來，也不曉得自己在湖邊呆了多久，看著天邊飛過的一群小鳥，才想起是時候要離開，只好懷抱著捨不得離開的心情，繼續往下一站。

 第 2 站 Grindjisee

　　往 Grindjisee 的路程也是一段平緩的下坡，路邊開滿紫、黃、粉、紅、白各式的高山野花，把步道點綴得繽紛無比。狹長形的 Grindjesee 比上一個湖泊小巧，藏在路旁的松林中，我們要穿過迂迴的小徑才能窺看其面貌。又是一個清澈的湖泊，低頭一看，便見許多魚兒悠游自在地生活著。抬頭一找，便見馬特洪峰就在特定角度，穿過松林之間，躺進湖中。

 第 3 站 Grunsee

　　抵達 Grunsee 之前的道路是可以行車的砂石路，旁邊的山坡也變成灰色的土石，只有針葉樹林不見草地，路邊不時出現巨大的岩石，景觀與稍早走過的路線大不同，在山坡上發現一群羚羊，依舊是只能遠觀的距離；接近 Grunsee 時，路旁出現涓涓細流，水質冰涼又清澈，遠看呈現綠色的湖面，而且可以下水游泳喔！

第 4 站 Moosjiesee

　　接下來是松樹林間的之字形下坡路，走在樹蔭中變得涼爽，Moosjiesee 其實是個人工湖，由冰河的水匯聚而成，呈現出獨特的粉藍色，因此無法映照出馬特洪峰的倒影。

第 5 站 Leisee

最後出場的 Leisee，其實是五湖之中最易抵達的一個，從 Sunnegga 站走出來，不到幾分鐘就可抵達這個熱鬧的湖邊。這裡名副其實就是闔家戲水、歡樂的游水池，與前面幾個靜謐湖泊是截然不同的氛圍。湖邊有一些小型遊樂設施，不少親子在這裡玩水，還有一塊可以藉由拉繩橫渡湖面的木檯，幾個小孩與小狗玩得不亦樂乎。

總結一下，五湖中雖然只有第一、二及五個湖泊可以看到馬特洪峰的倒影，馬特洪峰其實也算是一路相隨，在五湖的不同角落中都有露面、打招呼。高山湖泊常常有種遺世獨立的清新感，但交通總是不那麼容易親近，這段五湖健行沒有很大的起伏落差，有山有湖還有豐富的動植物，結合兩種的登山交通工具（見下段），一天要看五個也走得輕鬆寫意、收穫豐富。不過，如果真的無法走完全程，第一個湖泊 Stellisee 就不可錯過，走原路返回 Rotenboden 站也是折衷的好方法。

購買車票的建議

從策馬特到 Sunnegga 搭乘的是齒軌登山列車，就在 Gornergrat 登山車站附近。這列齒軌登山列車，呈現階梯狀且傾斜的地底纜車車廂，是在山洞內行駛，只要 4 分鐘就可快速到達 Sunnegga，之後可立即換搭空中纜車到 Blauherd。因此，（一）Zermatt 到 Sunnegga，是購買來回票，價錢為 24 瑞郎（單程 16 瑞郎）；（二）Sunnegga 到 Blauherd，則是單程票 15 瑞郎；兩部分的原價為 24+15 瑞郎，持 Swiss Travel Pass 享有半價，總數是 19.5 瑞郎。

第 4 個湖泊：Moosjiesee

第 5 個湖泊：Leisee

本頁的 4 幅照片，與前面頁的照片，剛好馬特洪峰都出現在五個高山湖泊附近。

與高山動植物的相遇

　　阿爾卑斯山脈的動植物種類繁多，一路上能與牠們相遇、相識，是多麼令人愉悅的事啊！前往 Stellisee 的路上，設有不少高山動植物的資訊看板，我們每每都停下腳步詳閱一下，多少對牠們的生活狀況有一些認識，也發現其實牠們的生活環境和條件並不太理想，極容易受到外界的影響。

　　健行，不只能看到美景，也讓我們對這個美麗地方有更深切的認識和領悟，學會更加體貼和呵護，希望大家能好好保持這地方的完整與和諧！

三吃瑞士的傳統味道 **中**

在百年老店品嚐起司火鍋

在琉森篇中，提過瑞士的傳統起司菜餚其實有兩種，就是烤起司與起司火鍋，前者我們在瑞士朋友 Richter Colette 家中品嚐過，至於一般遊客較為熟悉的起司火鍋（Fondue），我們在策馬特淺嚐初試，這次為大家分享第二份起司美食報告。

Edward Whymper 曾居住的旅館

Restaurant Whymper-Stube 位在大街上，接近中央廣場，是一間鎮上居民都熟悉、也是旅行團導遊會帶遊客前來的餐廳，因為它與旅館 Hotel Monte Rosa（右下圖）屬於同一棟建築物，餐廳在地下一樓。旅館始於 1855 年，為小鎮最古老的旅館之一，成功登上馬特洪峰的 Edward Whymper 停留在策馬特期間，以及出發前一晚都是住在這裡，因此旅館面向大街的牆壁上就有著他的紀念碑（左下圖），幾乎每位遊客都會來拍照留念。餐廳則開業於 1960 年代，所使用的空間就是旅館原有的一部分，餐廳名稱的「Whymper」，不難聯想到與 Edward Whymper 曾往在這兒有關。

不過，我們來這餐廳享用晚餐，主要原因不是如此，而是接待我們的好幾位當地導遊都一致推薦，再加上在 tripadvisor 中有不少好評價，而且價位屬中等，綜合了這幾個因素我們才決定選擇它。餐廳以橘色燈光為主，配上原木的座椅、餐桌及擺飾，給人大自然的溫暖感覺，這天我們沒有訂位，所以去得較早，幸好剛好有空位。

起司火鍋的基本吃法及其他配料

起司火鍋中都會混合好幾種的起司，種類因應地方及做法而不同，以半硬質和硬質起司為主，放在白葡萄酒中加熱使其融化。搭配麵包是基本鍋，通常會有多種配料，這裡提供番茄、馬鈴薯、蘑菇、梨子、瓦萊州風乾牛肉、培根與杏桃乾等好幾種。

Edward Whymper 征服馬特洪峰之後，又陸續前往歐洲最高峰白朗峰及加拿大洛磯山脈等高山，除了寫下多部登山著作之外，也提供英國皇家學院許多生態研究參考資料，1911 年以 71 歲高齡再度攀爬白朗峰時病倒，最後在 9 月 16 日病逝，享年 71 歲。

餐廳內裝飾掛有早期滑雪工具、木質的滑雪板，以及展示攀登馬特洪峰的歷史，處處流露出古早的韻味。

喝白酒才是最佳的搭配

基本鍋的價錢是 25 瑞郎，再加上配料是 26 至 29 瑞郎不等，這個價格都是兩人份，每加一人再加 2 瑞郎。為了避免吃得太膩，我們點了基本鍋配搭梨子，價格為 27 瑞郎。至於飲料，則不點啤酒或汽水，以免吃下肚子的起司遇冷而凝結，造成消化不良、腸胃不適，喝白葡萄酒才是最佳的配搭，不喝酒的話，熱紅茶也是好選擇。

兩人吃一份起司火鍋，總覺得有些不夠盡興，再點了一份名為 Matterhorn 的套餐，前菜為烤起司（Raclette）配番茄、馬鈴薯、酸黃瓜等，以及瓦萊州風乾牛肉，主菜是烤牛排配沙拉及薯條，甜點是雪酪，價格為 52 瑞郎。

初嚐淺試

事實上，場內有一對旅客，看樣子是首次品嚐起司火鍋，他們各自點了一份，只是配料不同，結果兩人吃不到一半便放棄，剩下很多便結帳離開。我想，起司火鍋除了容易膩，沒有吃起司習慣的朋友們來到瑞士初嚐起司火鍋，真的要有心理準備，起司火鍋的味道相當濃烈，有別於一般夾麵包或是漢堡的淡淡起司。因此建議初嚐淺試，覺得味道可以接受的話，留待另一餐再點份量多的起司火鍋。

中和起司味道的梨子發揮作用

Erica 十分愛吃起司，對於濃郁味道的起司接受度完全沒有問題，吃得甚為雀躍；Jackman 本身不太愛吃，可是這次也出奇地一口接一口吃起來，原來是因為餐廳加的白酒份量較多，再加上可中和起司味道的梨子發揮作用。沒有加牛奶和糖的清新雪酪，最適合當成晚餐的句點，最後我們還多點一份雪酪各自享用，劃上完美的句號！

INFO

Restaurant Whymper-Stube
網址 | www.whymper-stube.ch

Hotel Monte Rosa
網址 | www.monterosazermatt.ch

1. 起司火鍋，價格為 27 瑞郎，屬中等價位。
2. 配料是一份梨子，讓人有清爽的口感。
3. 切忌讓叉子上的麵包掉入鍋中，這樣是不合禮儀的行為。
4. 不喝啤酒，白葡萄酒或熱紅茶才有助消化。
5. 較香的烤起司，以及其他配料。
6. 瓦萊州風乾牛肉。
7. 烤牛排，使這一餐變得豐富起來。
8. 雪酪，吃得清新又健康。

Day
15
———
17

日內瓦湖區

Lake Geneva Region

6

◉ *Lake Geneva Region*

微醺之中，慢遊日內瓦湖畔小鎮｜蒙投

「藍色海岸上的珍珠」──蒙投，是一座山城，依山傍湖，
大部分的建築都蓋在山坡上，靠近湖畔的多是旅館。

繼琉森湖、盧加諾湖後，我們來到日內瓦湖（法語為 lac Leman，英語則是 Lake Geneva），有「瑞士的蔚南海岸」之稱，是瑞士最大的湖泊，面積約 581 平方公里。其起源是羅納冰川（Rhone Glacier）的融水滙成了河流後，流經阿爾卑斯群山，在靠近法國時折向西北來到這裡，日內瓦湖因而形成。

兩國擁有此湖泊

呈新月形的日內瓦湖，兩岸散佈了多個大大小小的城鎮，北岸屬於瑞士，南岸則屬於法國，分別佔有湖面的 60％ 及 40％（地圖見於 P.282），旅客及居民通常依靠遊船來往兩岸。

來回日內瓦湖的城鎮，搭火車只需一小時

北岸的瑞士城鎮，包括蒙投（Montreux）、威韋（Vevey）、洛桑（Lausanne）、莫爾日（Morges）、尼永（Nyon）、最後就是瑞士第二大城市：日內瓦（Geneva），搭火車的話，每小時有四至五班 IC、IR 等多種列車，從蒙投到日內瓦都只要 1 小時 10 至 20 分鐘。

希望住在湖邊，親親美麗的湖泊

在琉森湖、盧加諾湖時，沒有機會在湖邊住宿，因此，來到最後一個湖區便好想住在湖邊，查一查資料，在上面提及的幾個湖畔城鎮，以蒙投的湖邊結集較多旅館，再加上第二天要坐的巧克力列車（Chocolate Train）的首站也是這裡，順利成章蒙投成為我們在此湖區的據點。

告別高海拔下讓我們難忘不已的馬特洪峰，由策馬特前往蒙投，窗外的景觀從群山峻嶺慢慢開始轉換……，中間需要在 Visp 換車，全程需 2 小時 35 分鐘。當列車逐漸抵達蒙投時，首先映入眼簾的就是廣闊又美麗的日內瓦湖，山景與小鎮就這樣挨著湖畔，給人一種寧靜的舒服感覺。走出火車站，過了馬路往下走很快就可以親近到湖泊！

1. 蒙投火車站的正門。
2. COOP 超市就在火車站旁的停車站側。
3. 離開火車站，過了馬路，在建築之間已看到湖泊，往下走吧！
4. 走至下方，就是港灣區，路邊全是面向湖泊的旅館。

親近湖泊，寫意散步

跟盧加諾湖一樣，蒙投也有一條長長的湖畔大道和多個公園，擺設了許多造型獨特又有趣的雕塑，邊走邊看到很多遊客及居民在散步、騎單車，繽紛花朵在小徑上開得盛放。途經碼頭，已有三三兩兩的旅客在等待中，遠處的湖上有一條遊船徐徐駛近，是接載他們到對岸的法國小鎮嗎？

短暫美麗的蒙投半日行

在沿湖的幾個瑞士城鎮之中，只有威韋和蒙投的火車站與湖邊和碼頭比較接近，走路不到 10 分鐘。

如果沒有打算在此湖區任何一個城鎮住宿，並且只有半天時間，建議先在蒙投火車站寄放行李，再步行到湖邊散步；此鎮的規模其實不大，主要是火車站的前路與湖濱大道兩條平行的行人道及車道而已，因此走起來一點壓力都沒有，相當愜意。

散步後，建議來一趟短程遊船之旅，在蒙投碼頭上船，享受半小時的湖泊風光，可在威韋下船，再步行到威韋火車站，最後坐火車折返蒙投取回行李；鐵路是沿著湖邊行駛，除了湖光山色，還可以遠望到湖對面的景色，超棒！

盛夏的蒙投爵士音樂節

我們一直走，走至湖濱公園的中央（左圖），聚集了很多遊客，鎮內的大型活動通常都在這一帶舉行，好不熱鬧。除了湖景外，這個美麗小鎮也和音樂有很大的關係，每年七月的 Montreux Jazz Festival（自 1976 年開始），被譽為歐洲最大的爵士音樂盛會，一連十多天的爵士饗宴不分晝夜熱烈地進行，每年都吸引接近 30 萬人。

與音樂相關的還有一尊知名的雕像（右圖），他是著名的皇后樂團（Queen）的主唱 Freddie Mercury，這尊雕像正好重現他最具代表性的動作：右手舉高、左手拿麥克風的狂野姿勢。

 ## 世界遺產 Lavaux 葡萄園

日內瓦湖區屬於瑞士第二大酒產地，在洛桑東邊的 Lavaux 葡萄園，當地人自 11 世紀起在陡峭的山坡上種植葡萄，開闢成梯田狀以加強日照，因而產出優質果實。由於位在陡峭的山坡上，長久以來都倚賴人力採收，這種獨特的人文風情至今沒有改變，使得 Lavaux 於 2007 年被列為世界遺產。

我們從蒙投坐火車，約 15 分鐘，在 Rivaz 站下車，步行一段路便來到葡萄園釀酒探索中心（Lavaux Vinorama），遊客可以透過影片認識這一區葡萄種植和釀酒工藝，裡面還有葡萄酒解說員，重點是現場還有超過 100 種不同風味的葡萄酒，提供遊客淺嚐或購買，不論是豐腴還是清甜的口感，都可在酒窖裡找到你的最愛（右下圖）。

除了品嚐地道美酒，許多人也為欣賞葡萄園湖景而來，在網路上看過一些遊客的照片，一排排壯觀的葡萄園梯田美景甚為漂亮，也許我們觀賞的地點和季節都不對，葡萄叢還未茂盛和壯觀。其實每年 4 月至 10 月還有觀光小火車 Lavaux Express，分別在 Lutry 及 Cully 的碼頭開出，直接進入梯田之間，能近距離觀看到結實纍纍。

湖邊的中世紀古堡

蒙投附近還有一個著名的景點：西庸城堡（Chillon Castle），為中古世紀的水上城堡，僅有一座小木橋與岸上連接，堡內的防禦塔樓、軍火庫、禮拜堂等都保存完整，是整個瑞士最受遊客歡迎的歷史建築之一。從蒙投可以搭 1 號公車前往，也有不少人喜歡慢步過去，約 45 分鐘，順便欣賞沿路的景色。可惜，當天已過了開放時段，我們才沒有造訪。

如果你也把城堡納入行程，建議將前面的半日遊規劃修訂為：蒙投湖邊散步→坐車或散步到城堡→坐船到威韋→坐火車回到蒙投火車站。

一行一行佈滿山坡的葡萄園梯田，
火車在旁邊擦身駛過。

散步在半山坡的蒙投舊城區

在葡萄園釀酒探索中心品嚐了好
幾款白酒，也買了幾瓶，在微醺下，
帶著滿足的心情回到蒙投。我們趁著
預約晚餐的時間還未到，利用一小時
的時間逛一逛小小的舊城區。從火車
站附近的 Rue du Marche 往上走，便
已進入在半山坡的舊城。雖然此城鎮
的歷史並不悠久，旅客們的焦點都放

在湖邊，但若有一點點時間能走在窄小的石子巷道上、來回老舊房子之間，就能稍微感受到這小鎮的舊歲月味道。左邊的插畫是 Museee de Montreux，小巧的博物館展出當地的硬幣、木工工具、水彩畫和精美的刺繡，不妨入內參觀。

　　不覺間，隨意地走到一個不知名的小公園（右邊插畫），開敞的視野讓我們停下腳步，原來這裡可以在較高位置遠望到湖泊和火車站的景色。飽覽日落景色後，我們沿著公園的台階走下去，便可直接走到火車站的月台上。

GOLDEN PASS

左圖是在Restaurant Le 45餐廳的平台拍攝；右圖則是第二天傍晚在坐巧克力列車回來蒙投時，在車廂內所拍下來的。

黃昏淡淡的光影下，平靜清澈的日內瓦湖。

我們的湖邊旅館

面向湖泊一排排數層高的旅館，都相隔了一條行車道，唯獨有一座高聳的旅館是建在湖畔大道上，住客可以從旅館門口直接走到湖畔大道，這就是我們這次入住的 Eurotel Montreux。我們在不同時段，來回在湖畔大道散步了幾趟，盡情欣賞天空、雲彩與水色的變化萬千。我們入住的是 Superior Room，每晚為 264 瑞郎（含早餐），附設陽台，觀看的景色一流。

富麗堂皇的旅館

如果想豪華一點欣賞美景，火車站正對面的 Grand Hotel Suisse Majestic（四星級），外觀裝飾富麗堂皇，是這一區甚為出名的旅館，選個面向湖畔的房間，就可以在陽台靜靜欣賞。又或者在裡面的 Restaurant Le 45 餐廳享受美食，左圖的兩棵樹之間便是餐廳的戶外用餐區，下圖則是餐廳的內部。離開蒙投舊城後，我們就在那裡享用晚餐，看著湖畔的日落，著實美得迷人！

1. 位在湖邊的 Eurotel Montreux。2. 從 Eurotel Montreux 的餐廳可直接走到湖濱大道上。3. 我們入住的 Superior Room。4. 房間的陽台，最適合 Jackman 寫生之用，小桌上的白酒則是購於葡萄園釀酒探索中心。

INFO
蒙投旅遊局 | www.montreuxriviera.com
Chillon Castle | www.chillon.ch
Lavaux Vinorama | www.lavaux-vinorama.ch
Lavaux Express | www.lavauxexpress.ch
Eurotel Montreux | eurotel-montreux.ch
Grand Hotel Suisse Majestic | www.suisse-majestic.com

Choloate Train 巧克力列車一日團

毫無限制、瘋狂地、
盡情地吃巧克力！

在瑞士的每一天，最常品嚐到的是什麼？不用猜也知道答案──巧克力！巧克力是人人都愛的甜點，不論一家男女老幼，個個都是愛不釋手，如果還能夠坐上巧克力列車（光是這個夢幻名稱就非常誘人！），在華麗經典的車廂內欣賞著沿途的田野美景後，抵達一座巧克力工廠，觀摩巧克力製作過程只不過是前菜，真正的主菜就是一堆又一堆各式各樣的巧克力放在眼前，可以毫無限制、瘋狂地、盡情地吃到飽！

巧克力列車（Chocolate Train）是從蒙投（Montreux）開出，規劃行程之初，我倆已打定主意一定要搭乘這夢幻列車，也直接促使我們投宿在蒙投。巧克力列車其實是黃金快線（GoldenPass Train）的支線之一，是與雀巢公司共同合作；如果只從列車名稱去解讀，便會有所誤會，因為巧克力列車實際上是「one day tour」！

這趟巧克力之旅，在早上 8 點半開始，你說是不是投宿在蒙投比較方便？！車頭是金黃色車身，散發閃閃光芒，配上黑色剪影的瑞士國旗及乳牛圖案，實在太搶眼奪目了！心情雀躍至極點，幸好提早 15 分鐘來到月台，否則就會錯過跟這夢幻列車拍照的寶貴機會。列車出發不久，服務人員便送上熱巧克力或熱咖啡，再加上麵包與小巧克力，供大家一邊品嚐一邊觀看窗外美景。

火車上有兩位工作人員，這位當然最受歡迎，她負責奉上熱巧克力和牛角麵包給大家享用。

發完麵包後，她又折返送上小巧克力，大家吃個不停，太開心了！

她不只是查票員，也是整天旅程的導遊。查票後，每位乘客也會收到一個掛牌，提醒大家集合時間。

整列火車共有四節，金黃色的車頭最吸引人。第二及三節車廂雖是二等座位，反而更勝最後一節的頭等座位，為何？請看後頁。最右圖是途中所拍攝，坐著有乳牛圖案的列車，正巧被我們遇上一群真乳牛。

多麼喜歡這樣毫無遮擋、
盡情寫意地欣賞擦身而過的風光

1915 年的懷舊歐陸風車廂

隨著窗外的鄉野風光不斷變換，這天我們參加的 one day tour 也正式開始。除了耀眼的車頭外，巧克力列車的另一賣點是第二及三節的懷舊車廂（二等車票），在米黃配灰藍色的車身上見到「Pullman Express」這名字，便說明了車廂是仿自 1915 年的「美好時光」豪華列車頭等車廂，在那時代是歐洲十分有名的火車。走進車廂，便發現鐵道公司在坐椅設計、車廂佈置方面等費盡心思，讓乘客不自覺地回到已消失又令人懷念的年代。

我們有好幾本日本鐵道的旅遊繪本，介紹過頗具特色的觀光火車，這次坐上充滿濃濃懷舊風的車廂，有一種仿如在日本坐蒸汽火車的熟悉感，聽說瑞士的一些地方也有蒸汽火車，希望在下一次旅程可以搭乘，相信會是難忘的體驗。

以巧克力列車為主要交通工具的 one day tour，包括列車接送參加者到三個地方，上午是雀巢（Nestle）公司的 Cailler 巧克力工廠、中午在 11 世紀的格律耶爾（Gruyeres）城堡遊覽、下午是格律耶爾起司工廠，全程約 8 小時，行程十分豐富！

頭等車廂：是現代化的全景觀車廂，相對之下，我們還是喜歡坐在懷舊車箱裡，而且還可以打開車窗，一邊享受涼風，一邊拍攝窗外的景色！

第 1 站　無限量供應巧克力任你吃

列車在 10 點左右到達布羅克（Broc）小鎮，下車便見到 Cailler 巧克力工廠。工廠其實就是博物館，可以看到從可可樹的種植、結果、採集、運輸，到巧克力的歷史、改良等，都以生動的形式展現，最重要的是可以免費試吃啊，最受歡迎的幾種 Cailler 巧克力都可以嚐一遍。

瑞士第一間巧古力製造商

Cailler 巧克力在一般超市都可以買到，是瑞士人喜愛的品牌之一，看過它的展覽才知道，原來它是瑞士首間巧克力製造商，創辦人 Maison Caillers 從 1819 年起，開始把可可豆和糖混合製成多種美味可口的巧克力，後來才成為雀巢旗下品牌之一。

瑞士人愛吃牛奶巧克力，我們也入境隨俗每天吃，這天更是整個旅程中吃得最多，廠內提供了多種巧克力，濃郁的香味不在話下，「新鮮現吃」才是真正的不枉此行。這裡有一條自動化的巧克力生產線，遊客可以觀看著源源不絕剛製造出來的小巧克力，包裝後便馬上送出來，讓大家隨意試吃！

走到盡頭是參觀的最後高潮，就是進入巧克力試吃室，環狀的吧檯擺上接近 10 種的巧克力，一顆又一顆製作精緻的巧克力，從牛奶巧克力、白巧克力、濃黑巧克力等，每塊價錢動輒 1 至 2 瑞郎，無限量供應，絕對是巧克力愛好者的天堂。大人、小孩，或是苗條的女士、正在減肥的人，此時此刻都豁出去、大吃特吃；現場觀察每款巧克力大家至少吃下幾塊，心中都有同感：只吃一塊，豈能品嚐出真正的味道呢！（個人經驗：記得要準備好水，否則吃了幾塊就膩死了。）

此外，博物館也設有巧克力教室，是我們的心儀活動之一，讓大家製作專屬自己的巧克力，全程約 1 至 2 小時，因為課程很受歡迎，必須事先報名才有位置。

透過製作認真又豐富的互動裝置，說明巧克力的起源、發展和製造過程。

巧克力工廠擺著各種的可可豆，讓遊客聞香。

大家在巧克力教室裡，都用心聽著師傅的講解。

巧克力工廠外觀一點也不像工廠，仿如一棟典雅豪華的大旅館。

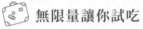 **無限量讓你試吃！**

　　看到一塊一塊的巧克力眼睛都直了，任誰都開心極了，在燈光照射下，每一塊都在閃閃發光，多麼誘人啊！

　　遊客實在太多，人龍在不斷催促下，大家才不捨地向前走。光是這個試吃區，完全值回票價（門票 12 瑞郎），人人都捧著大肚子離開呢！最後到外面的專賣店就可以「大肆採購」！

新鮮即吃

　　試吃是參觀巧克力工廠最讚的事，這一區還可以在自動化的巧克力生產線，目睹從可可豆變成巧克力的整個過程，當一塊塊「剛剛誕生」的小巧克力，從輸送帶送出來，大家便開心得不得了，馬上撕下包裝紙品嚐。

第 2 站　漫遊中世紀古鎮

　　離開巧克力工廠，再由大型遊覽車載我們到位於小山丘上的古鎮格律耶爾（Gruyere），車程很短，接下來有 2 個半小時自由參觀和午餐時間。

中世紀的漂亮小山城

　　這個還保持中世紀模樣的漂亮小山城，以格律耶爾城堡為重心，從村口一直走到盡頭的城堡，沒有迂迴曲折的小路，沿途有古老的石板路、石造噴泉、廣場、大小餐廳、旅館、紀念品商店、HR Giger 展覽館及老教堂等，散發一股悠閒迷人的氣息！

Gruyeres 起司

　　這一帶的居民一直過著以畜牧為主的生活，以出產 Gruyeres 起司而聞名全國。根據記載，居民早在一千多年前就開始製作起司，風味濃厚，最適合用來烹調起司火鍋，所以到訪這古鎮的遊客通常會順道品嚐 Gruyeres 起司火鍋！

格律耶爾城堡

　　城堡建於 11 世紀，一直到 16 世紀，經歷 19 位伯爵在此居住，後來才轉為市政府的辦公室及官邸，直到 19 世紀被拍賣成為私人產業；最後到了 1938 年，州政府才買下城堡，改建成現今模樣的博物館，室內有古董家具、壁畫、雕塑及藝術品等展示，進入城堡內部要另外付費，不過有 Swiss Travel Pass 可免費進入。說真的，這只是小小的城堡，戶外的景色更勝於內部的展品，在城堡入口處前面，就可以看到城堡下大片美麗的法式花園，以及遠方的山谷美景。

　　瑞士共有 14 座城堡，這裡是其中之一，最具代表性是蒙投的西庸城堡（Chillon）；之前在沙夫豪森時，我們還探訪了另一座梅諾古堡（Munot）。

另類博物館：小鎮上有異形！？

　　小鎮看似很古樸，也有衝突的一面，到城堡前會先經過 HR Giger 博物館，這可不是展示當地藝術品的地方，原來 H.R. Giger 是經典電影《異形》的造型設計師，也是瑞士知名的超現實主義藝術家。有一次他來到這裡，便覺得「異形」與這中古世紀小鎮的氛圍很搭，因而開了這間異形博物館。

　　這個小山城是較為寧靜的度假勝地，遊客不算多，大家可以舒服寫意地散步。從城堡的入口處可眺望到下方的教堂及山谷景色，視野極美。Jackman 把握時間，馬上將它速寫下來，上色從最遠處的山丘及天空開始，由遠至近地逐一將山丘添上色彩；最後使用較多筆觸加強教堂較暗的地方，呈現色彩的對比，然後輕輕加上淡彩便完成，去吃起司美食喔，請看本章最後的「三吃瑞士的傳統味道（下）」！

1988 年成立的 HR Giger 博物館，門口有異形雕塑，裡面有畫冊、雕塑、家具等展示，此外，還有異形主題吧，從天花板、座椅到吧檯都是骨骼造型，非常吸引人。

從城堡的入口處可眺望到下方的花園。

第 3 站　參觀起司工廠認識瑞士多種起司

　　格律耶爾起司工廠就在山城之下，我們坐遊覽車來到最後一站。入口處展示了一個個重達 35 公斤的碩大起司餅，整齊地陳列在窖裡熟成中。瑞士起司有 9 至 10 種，分佈在不同的地區，常聽到或在超市買到的有三種：Emmental 起司、Gruyere 起司和 Raclette 起司。

　　Emmental 起司：屬於硬質（Hard cheese），每個重達 75 至 120 公斤，是眾多瑞士起司中的最重量級，世界馳名，外國人說的「瑞士起司」，其實就是指這一種；它產於首都伯恩（Bern）的東邊；外形像大車輪，顏色淺黃，味如乾果，口感密實，但又充滿大氣孔。

　　Gruyere 起司：同樣屬於硬質，重約 25 至 40 公斤，產於格律耶爾及附近的法語區，起源於 14 世紀，也是相當有名的種類，每月的生產量佔全國的一半。它與 Emmental 起司一樣，是烹調起司火鍋的主要食材。外表較 Emmental 起司深黃，且帶有一點褐色，具有蜂蜜與堅果的香氣。

　　參觀時，每人收到三塊小起司（右下圖），分別是 6、8、10 個月的熟成期，可品嚐到不同熟成時間的差異，存放得越久的起司味道越濃（因為每隔一段時間要替起司加鹽，這就是放得越久的起司味道會越濃的原因之一），個人最喜歡 10 個月的起司，

味道濃而且口感滑順，大家一邊品嚐一邊開始起司之旅。工廠提供多種語言的導覽機（包含中文），從牛隻吃的野花、草料說明，到起司的攪拌、凝結、灌模、定型、上標記……，還可隔著玻璃觀看工作人員的工作過程；不說不知，原來一個 35 公斤重的 Gruyere 起司，竟要用到多達 4 百多升的牛奶來製作。

　　為了保護傳統風味和產品的多樣性，政府規定一個地區只能生產該地區的起司品種，而 Gruyere 起司就在 2001 年起，正式獲得瑞士原產地命名的控制保護。

工廠每天早上 9 點到下午 2 點半，大概會製造三至四次起司，參觀者可透過玻璃觀察製作過程。

參觀完，當然還可以品嚐用 Gruyere 起司製成的起司火鍋，我想在這裡吃到的，一定是最新鮮可口！

品嚐起司熟成時間的差異，一塊比一塊味道更濃，由左至右為 6、8、10 個月。

巧克力列車攻略

我們帶著滿載而歸的心情再度坐上巧克力列車回到蒙投，回想起最初以為只是「坐火車」，原來還包含瑞士兩大美食「巧克力及起司」的見學體驗，處處驚喜，其資料如下：

班次：每年 5 月至 10 月，5、6、9、10 月的每周一、三、四發車，7、8 月則天天發車。

票價：成人 99 瑞郎，小孩 49 瑞郎，包括車費、巧克力工廠及格律耶爾起司工廠的入場費（但不含午餐）；持 Swiss Travel Pass 則為 59 瑞郎（1st）、69 瑞郎（2nd）。

如果不訂巧克力列車，該怎麼去？自己坐火車到這些地方都很方便，每小時有一班車，用 SBB 網站規劃如下：從蒙投到 Broc-Fabrique 站，可到巧克力工廠；再坐火車到格律耶爾站（23 分鐘），先參觀起司工廠，再走 10 多分鐘可到格律耶爾小鎮；最後從格律耶爾站返回蒙投，需 1 小時 14 分鐘。

不過，還是推薦大家（尤其是帶孩子或長輩父母）參加這個旅行團，一路的交通、門票、參觀都安排好，省時又方便；重點是，如果想乘坐懷舊巧克力火車，這就是唯一的方法！

行程：

08：30	於蒙投出發
10：06	到達 Broc-Fabrique 站，參觀 Cailler 巧克力工廠
11：45	坐遊覽車到格律耶爾小鎮
12：05	參觀山上的格律耶爾小鎮及午餐時間
15：00	坐遊覽車到山腳的格律耶爾起司工廠
15：10	參觀格律耶爾起司工廠
16：17	坐火車返回蒙投
17：20	到達蒙投

（以上是平日的時間表，周六日有些微不同，請參考網頁）

（左至右）Broc-Fabrique 站、接駁的旅遊車、格律耶爾起司工廠

INFO

巧克力列車｜www.goldenpassline.ch
Cailler 巧克力工廠｜www.cailler.ch，門票 12 瑞郎
格律耶爾旅遊局｜www.la-gruyere.ch
格律耶爾城堡｜www.chateau-gruyeres.ch，門票 10 瑞郎
HR Giger Museum｜www.hrgigermuseum.com，門票 12.5 瑞郎
格律耶爾起司工廠｜www.lamaisondugruyere.ch，門票 7 瑞郎

坐船出發展開日內瓦市小旅行

這天，我們從蒙投出發往日內瓦，為了體驗不一樣的風景，選擇了去程坐船、回程搭火車（見文末補充）。日內瓦是一個很適合散步遊覽的城市，我們11點多抵達日內瓦，走路逛湖畔、遊公園、慢步舊城，渡過了非常愜意的半天；當然，如果你有多一點時間，也可以有截然不同的玩法，例如越過法國邊境、搭纜車觀賞歐洲最高的白朗峰（Mont Blanc）。

日內瓦城的左岸與右岸

先說一說日內瓦的主要景點分佈，隆河（La Rhone）將市區分成兩部分，接近火車站的一方稱為右岸（又稱北岸），屬於新城區，聚集了大型豪華飯店和高級餐廳。

舊城風光

左岸（又稱為南岸），有充滿歲月情懷的舊城區及集合時尚與經典的購物大街，是旅客觀光的重點區域。連接城區兩岸的是白朗峰橋（Pont du Mont Blanc），顧名思義，橋樑與白朗峰遙遙相對。大家可乘坐港灣內的黃色渡輪（SMGN）橫渡新舊城區，利用10分鐘的船程體驗一下港灣風情。

兩張免費遊覽日內瓦的交通卡

天下沒有白吃的午餐，但有白坐的車！日內瓦有兩張免費交通卡，讓人一抵達便感受到這個城市對旅客的體貼與關懷。從日內瓦機場下飛機，就可以免費搭乘公共交通工具到市內。在入境樓層就可獲得一張免費交通票，在80分鐘內可自由搭乘 Zone10 的火車、巴士、船等。坐火車只需7分鐘就可直達市中心。另一張是 Geneva transport card，只要你在日內瓦住宿，無論是六星級飯店，還是青年旅舍，都可以索取，一卡在手可免費搭乘市區巴士、電車等，退房後要搭火車去機場？沒問題，因為退房當天仍可免費用一整天。

國際組織總部的大本營

日內瓦有「和平之都」的稱譽，這裡是聯合國的歐洲總部和紅十字會總部的所在地，於日內瓦落戶的聯合國組織多達兩百多個，想對日內瓦人道主義的傳承有更多了解的旅客，可在火車站前的 Cornavin 站坐上8號巴士，向北走，約10分鐘在 Appia 站下車，著名的國際紅十字會博物館、聯合國歐洲總部（萬國宮）等就在新城區以北那一區。

1. 我們在火車站前的 Cornavin 站等巴士，準備展開日內瓦半天遊。

2. 親切的旅遊局代表 Jennifer 是台灣人，已在這裡定居多年。

花園之城

日內瓦人很喜歡公園，這是一座充滿公園、綠地的花園城市，大大小小二十幾個公園遍佈市區各處，且多數位於湖畔，擁有怡人景色，所以又稱為「花園之城」。

請旅遊局代表 Jennifer 帶我們到日內瓦人日常最喜歡去的地方，她領著我們坐上 1 號巴士往北走，約 10 分鐘，在 Secheron 站下車，這裡有幾個連在一起的湖畔公園，Parc Mon Repos、Parc Moynier、Parc Barton 等等，法語 Parc，就是英語的 Park，也是日內瓦人的最愛。

 ### 午後休閒消遣的絕佳去處

這幾個湖畔公園的面積廣大，綠樹成蔭，是當地人午後休閒消遣的充電站，很多聯合國員工喜歡在休息時間來跑步、野餐、午休，草坪上隨處可見或躺或臥或曬日光浴的人們。

 ### 令人長知識的公園

市內的公園所承載的內涵與設施，已超越了一般人對公園的期待，公園內設置了科學歷史博物館，蘊藏了許多科學小遊戲在園內。此外，園內還有漂亮的小木屋，原來是給研究人員租用的套房宿舍，能住在優美的湖畔公園裡，太幸福了吧！

園內還有個非常精彩的植物園，入口就在 Avenue de la Paix 與 Rue de Lausanne 兩條行車道的交界，這個日內瓦植物園（Botanical Garden）面積寬廣，種植了大量不同主題的植物，還依照分類附上詳細的資料介紹，光看分類就已經覺得很有趣，例如古老的蔬菜、被保護的植物、藥用和實用的植物、有毒的植物等。除了植物，園內另一邊還有動物區，除了飼養一些瀕臨絕種的動物，還有紅鶴區、大型鳥舍等。

1. 公園內有多座特色建築物，此座是歷史科學博物館（Musee d'Histoire des Sciences）。

2. 在此館周邊設有多座關於天文、科學等有趣的小遊戲，讓路過的人自然而然就想來體驗。

3. 依照不同品種的植物，進行分類及介紹。

4. 最有趣的是，公園把日常生活用品裡包含了哪些植物成份列舉出來，還有有毒植物主題區、藥草療效展區，讓遊客大開眼界。

寬闊的草地，隨處找個自己喜歡的位置，欣賞著美麗的湖泊，野餐、聽音樂、看書、睡午覺……多麼愜意！

新月形的日內瓦湖

日內瓦湖，又稱萊芒湖，新月形的湖有三分之二屬於瑞士、三分之一在法國境內。我們從湖畔公園散步到港灣（圖1）約半小時，湖邊各色旗幟飄盪，還有許多遊艇帆船，Jennifer 說很多日內瓦人或是幾個家庭會共同擁有自己的遊艇。日內瓦的地標：大噴泉（Jet dEau）愈來愈接近，基本上不管在湖邊哪個位置，都可以看到不同角度的壯觀大噴泉。

港灣中心的人工大噴泉，最高可以噴出 140 公尺的水柱，原本是要幫助供水系統減壓才會噴水，直到 1951 年移建至現在的位置，自此之後，就以時速兩百公里的速度噴出湖水，升至最高點後散落，在燦爛陽光下一道絢麗的彩虹便會出現！

日內瓦幾乎每個角落都能看到供人休憩的公園或花園，我們在風光明媚的湖畔大道走著，在港灣的碼頭附近的小公園裡，遇上「布魯斯維克公爵墓」（Monument Brunswick）（圖3），正面朝向湖泊，建造於 1879 年。公爵 Brunswick 在 1873 年過世時，將大筆的遺產捐獻給政府，政府便興建這座紀念碑以紀念他的貢獻。

日內瓦地標：花鐘

橫過白朗峰橋走到左岸，另一個地標：日內瓦花鐘（L'horloge fleurie）就即刻可見（圖4），屬於 1854 年所建的英國花園（Jardin Anglais）的一部分。花鐘的直徑 5 公尺，製作於 1955 年，隨著季節的轉變，選用當季的鮮花，大約有 6500 株鮮花和灌木被選用作為裝飾。拍攝圖 4 的位置，就是進入熱鬧的購物區及舊城區的所在！

舊城、盧梭及大教堂

日內瓦舊城是一個中世紀的羅馬市集，於英國公園過馬路，途經觀光購物區，再往上坡路步行一下就到。舊城區保留著中世紀建築、又同時生氣勃勃，除了酒館、咖啡廳、老餐廳，還有多間藝廊、古董書店，散發著濃濃的文藝氣息。舊式老房子相鄰而建又常失火，火災時住低層的人最容易逃生，所以房子一樓通常是店面，住二樓的都是有錢人，住愈高的人則愈窮困，也因此老街房子二樓的窗戶和騎樓都特別大和精美。

一代偉人盧梭的故居（Espace Rousseau）也藏在小巷之中，他出生在二樓，不少遊人也慕名而來（右下的兩幅照片）。

想深入感受老城的中世紀遺風，一定不要錯過建於 11 世紀的聖皮埃爾大教堂（The Cathedral of Saint Pierre）（右上圖）。它是舊城的中心，重建了好幾次，最後一次是在 18 世紀。可免費入內參觀，不過真正的遊覽焦點是付費進入塔樓，登上螺旋式的 157 級階梯，到達塔頂後可欣賞城市及湖泊的全景，據說景色相當吸引人，遺憾的是我們到訪時正在進行維修。

比國慶更重要的節日

我們一邊穿梭於古色古香的小道之間，Jennifer 也分享著這老城大大小小的故事，原來日內瓦人會大肆慶祝每年 12 月 12 日的「登城節」（法語 L'Escalade），這個與日內瓦歷史有關的傳統節日，在當地人心目中比國慶日更重要。

登城節源於西元 1602 年，據說 12 月 11 到 12 日的晚上是最黑最暗的一天，薩瓦公國在當晚深夜突襲舊城，雖然當時的日內瓦是弱小的獨立共和國，但人民的衛國之心卻無比強韌，當發現有敵人偷襲，全城軍民均迅速反應以不同的方式擊退敵軍，最經典的莫過於英勇的婦女 Royaume，她情急時把一鍋滾燙蔬菜湯澆向敵軍。

自此每年的 12 月 12 至 14 日，在日內瓦老城都會舉行紀念和慶祝活動，大教堂前的廣場有篝火晚會，奏起昔日日內瓦共和國的國歌，大家會穿上傳統服裝遊行，重現那一夜的團結與勝利。在那段時間到訪日內瓦，會發現商店櫥窗、巧克力店等都會放蔬菜湯鍋、巧克力鍋等節慶物品。

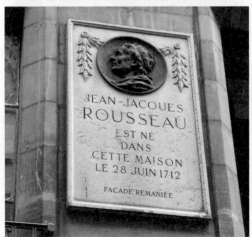

全球只有四個地方可以親手組裝瑞士軍刀

最特別的刀一定是 DIY 的軍刀。在日內瓦購物大道的 Victorinox 旗艦店，Jackman 親自動手組裝了一把瑞士軍刀，最後還刻上我們的名字，算是旅程中最有紀念價值的禮物之一。

 ### 採預約制，每人 30 瑞郎

這項體驗稱為 Knife assembly，全球只有四個地方提供，Victorinox 共有四間旗艦店，分別在瑞士的蘇黎世及日內瓦，英國的倫敦及德國的杜賽道夫，除了蘇黎世外，其他的三間連同在琉森湖區的 Swiss Knife Valley Visitor Center 都有這項體驗，採預約制，每人 30 瑞郎。

組裝體驗的工作場地，就在旗艦店地下一樓，該層專門販售各式各款、大大小小的軍刀，當然還展示許多特別版本。進行體驗的地方其實是開放式的，不參加體驗的人也可以在旁觀賞組裝小刀的整個過程。

 ### 一對一的體驗模式

體驗採用一對一的模式，在指導員的專業指導下，Jackman 便開始組裝。這次組裝的軍刀稱為 Spartan，是最早期型號之一，也是由創辦人親自設計，早在 1897 年 6 月註冊成商標，甚具歷史意義。

 ### 全部零件瞬間整齊排在一起

刀子由 27 件零件組合而成，Jackman 便依據指導員的細心說明和說明圖，開始將大小刀子、開罐器等零件逐一放在專門組裝的機械上，當 Jackman 踩下機械的踏板，啪一聲，全部零件瞬間整齊地排在一起，這是最關鍵的部分。指導員這時便會檢查是否可拉出所有工具，太鬆或太緊，都要調整一下。

（備註：目前瑞士境內，只有 Swiss Knife Valley Visitor Center 提供 Knife assembly）

六款外殼可供選擇

接著便為刀子穿上外衣，共有六款可供選擇，我們挑了寶藍色的外殼，然後將塑膠牙籤與金屬鑷子插入刀中，組裝大致完成，指導員進行最後一次檢查，看看是否需要再調整。

最後，Jackman 在電腦中輸入文字，不用幾分鐘名字便被印在刀子外殼上。仔細一看，發現小驚喜，大刀子原來刻有「self-assembled」，即是只有親自動手組裝才有這刀子啊，以後行李箱便多了一件必帶的實用好工具！

紮根日內瓦的巧克力：ROHR

瑞士有著很多巧克力大品牌，我們在購物大道遇上這間紮根於日內瓦的 ROHR 巧克力，擁有 50 多年歷史，是深受當地人喜歡的老牌巧克力店，也是節日送禮的常見選擇之一。

ROHR 的巧克力在超市或百貨公司並沒有設專櫃，因此只有在專門店才能買到。這家店最獨特經典的商品是垃圾桶巧克力，店主是 ROHR 的第三代，垃圾桶巧克力是 1936 年店主的祖父所設計，十幾年前還申請了專利，在幾十年前平常不過的垃圾桶造型，到了今日成了懷舊的代表，香甜濃郁不膩的垃圾桶更是店家的招牌。ROHR 的巧克力不但細滑，味道選擇也令人驚艷，他們把檸檬汁做成脆脆的結晶放在巧克力中，那酸甜脆柔結合出來的好滋味，讓我們後悔沒多買！

在瑞士巧克力界中，白巧克力通常是最不得寵的選項，但 ROHR 的白巧克力卻很受歡迎，於是我們也半信半疑地買了開心果白巧克力，一試難忘、完全顛覆了我們對白巧克力的偏見與印象！總之，到日內瓦，不要錯過 ROHR，杏仁、薄荷、薑、咖啡、榛果、水果、醃製花瓣、酒心……你愛哪一款呢？

坐船遊日內瓦湖之規劃

以蒙投為據點，出發到 Geneva 來一趟半天的小旅行，最快捷方便就是直接坐火車，每小時都有幾班列車，約 1 小時 20 分車程即可到達，如果不趕時間的話，我們非常建議坐船遊湖。

日內瓦湖區的多條航線主要是 CGN 遊船公司負責，擁有 18 條船，其中 5 條為蒸汽遊船，連接北岸的瑞士各城鎮，以及來往北岸與南岸的法國城鎮。北岸裡，以 Lausanne 中轉站，主要分為兩段：

Montreux → Vevey → Lausanne 以及 Lausanne → Geneva，前者需時 1 小時 35 分，後者則是 3 小時 35 分鐘，還包含多條短程路線。持 Swiss Travel Pass 可免費搭乘，一些特色航線便需要額外付款，詳細可參考官網。

我們前往日內瓦市的交通規劃，就是先在蒙投坐船，享受一個多小時遊船的體驗後，在洛桑下船，由於碼頭與火車站不接近，需要轉搭地鐵到洛桑火車站，再花 40 分鐘抵達日內瓦火車站。回程時，我們才直接坐火車返回蒙投。

遊覽沿湖的法國小鎮

至於來往瑞法兩邊小鎮的熱門路線，主要是 Lausanne（瑞）→ Evian（法），就是法國 Evian 礦泉水之鄉，每小時一班，約 35 分鐘，來回只需 35 瑞郎，持 Swiss Travel Pass 亦可免費。這麼方便，我們下次要規劃一天兩國之旅！

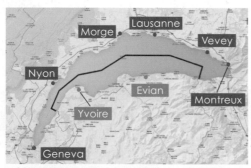

呈新月形的日內瓦湖，北岸屬於瑞士，南岸則屬於法國，兩國分別佔有湖面的 60% 和 40%。

蒙投：從旅館走數分鐘便抵達，搭乘 09：33 的 Vevey 號蒸汽遊船出發。

威韋：途中經過威韋，是熱門湖畔小鎮之一，很多遊客上船或下船，碼頭與火車站很接近。

3

洛桑：我們於 10：40 下船，除了日內瓦市外，這裡是沿湖城鎮中最大的一個，碼頭停泊了多艘遊船，也是前往法國城鎮的主要碼頭。

4

洛桑：依指示牌很容易走到地鐵站，可搭乘地鐵從碼頭到此城鎮的市中心各處。搭上 11：18 的火車，從車窗繼續觀賞湖泊景色，最後在 11：58 抵達日內瓦市。

INFO

日內瓦旅遊局 | www.geneve.com
國際紅十字會博物館 | www.redcrossmuseum.ch
萬國宮 | www.unog.ch
CGN 遊船網站 | www.cgn.ch
盧梭故居 | www.espace-rousseau.ch
ROHR | www.rohr.ch
victorinox | www.victorinox.com
日內瓦旗艦店 | info.geneve.ch@victorinox.com
Swiss Knife Valley Vistor Center | info.brunnen.ch@victorinox.com
預約 Knife assembly
事先 email 告知名字、人數、日期、時間等即可。

GoldenPass Line 黃金快線

不用拉著行李，輕鬆地從蒙投前往
旅程最後一站少女峰地區

在蒙投（Montreux）逗留了三天，轉眼間又要告別這迷人的小城和日內瓦湖，這一天份外期待，因為要搭乘的黃金快線的全景列車（GoldenPass Panoramic），是旅程中最後要搭乘的特色列車！

蒙投是黃金快線南段的首站，每天共有 8 班黃金快線在這裡開出，我們選擇了 09：44 的班次，目的地是 Interlaken Ost，然後再轉乘少女峰鐵道登上旅程最後一站 Grindelwald。

黃金快線的全觀景列車於第一列的車頭設有 8 個 VIP 座位，跟司機有一樣的景觀角度，完全無阻隔地欣賞正前方的風景。

告別日內瓦湖

🧳 黃金快線南段

選搭 09：44 班次，是因為黃金快線的主路線分為南、中及北段，其中南段 Montreux－Zweisimmen 及中段 Zweisimmen－Interlaken Ost，早上只有 09：44 這一班是換車一次，其餘則是需要換車兩次。

另一原因是行駛這個班次的黃金快線（其實共有三種），是一列附有

VIP 座位的全景觀列車，能以駕駛員角度欣賞正前方、不移動的景色。

列車沿著山坡徐徐往上走，湖光水色的日內瓦湖也漸漸消失，進入以廣闊山景為主的景致，兩旁盡是一片片綠油油的草地，散落在山丘上的小木屋，偶然還遇上正在悠閑吃草的牛群。

黃金快線準時在 11：32 到達 Zweisimmen，下車即見到月台上已有另一列車，就是帶領我們前往 Interlaken Ost，也就是黃金快線中段的列車，時間算得好準確，剛下車的乘客在月台迅速地拍下數張相片就要拉著行李上車，列車很準時地在 11：38 出發，不差一分一秒！

窗外是坐落圖恩湖畔的 Speiz，下方就是碼頭，可坐遊船遊湖和前往 Interlaken Ost。

Zweisimmen 火車站：大家把握時間從左下到右上車！

中段的列車不是全景觀列車，而是普通列車，好處就是可以打開車窗（右上圖），乘客們可以盡情享受列車快速移動帶來的快感，當然還可以把相機向外伸出去拍攝不一樣的窗外景色。

🧳 從 Spiez 坐船到 Interlaken Ost

列車會在 Spiez 火車站停車數分鐘，因為 Spiez 本身是一個交通的轉運樞紐，這個小鎮的火車站是位於山坡比較高的上方，而小鎮市區則是位於圖恩湖（Thunersee）畔，所以有不少人順路造訪 Spiez 這個小鎮。如果想體驗更多，可以在這裡下車，來一趟「Spiez 半日遊」，甚至也能在湖邊坐船到 Interlaken Ost（持 Swiss Travel Pass 可享免費）。有乘客下車，也有不少乘客上車到 Interlaken Ost，列車沿著圖恩湖一直走，不知不覺已是最後 20 分鐘的車程了。

因特拉肯（Interlaken）的意思是「兩湖之間」，也就是位於圖恩湖和布里恩茨湖（Brienzersee）之間的城市，除了東邊的 Interlaken Ost，西邊還有一個火車站叫 Interlaken West，不過要注意只有前者才有連接少女峰鐵道，可不要弄錯啊！

使用火車托運行李到你的酒店

　　瑞士鐵道的「托運行李服務」很完善，行李、滑雪用具、嬰兒車、單車等等都可以託運，不局限於火車站之間，還擴展到上門服務，意思是有人來到你入住的酒店提取你的行李，然後送到下一站的酒店。

在 A 火車站托運，然後在 B 火車站取件，每件收費為 12 瑞郎。

🧳 托運服務（一） Luggage station to station

　　這是基本的托運行李服務，意思是「在 A 火車站托運，然後在 B 火車站取件」。

　　托運的限期：當天 7p.m. 以前托運，後天 9 a.m. 以後取回。

　　收費：每件 12 瑞郎（重量不超過 25 公斤），行李抵達車站後，可以免費寄放 4 天，之後每天收費 5 瑞郎。

🧳 托運服務（二） Luggage station to door/Luggage door to station

　　這是進階服務，就是「在火車站托運，然後送件上門，或是相反」。

　　托運的限期：前者是當天 7p.m. 以前在火車站托運，後天指定時間上門送件。後者是提早兩天前辦好手續，當天指定時間有人上門收件，後天 9 a.m. 在火車站取件。

　　收費：每件 12 瑞郎（重量不超過 25 公斤），再加 25 瑞郎上門服務費用。比如你有三件行李，就是「12 瑞郎 X 3 + 25 瑞郎」，行李愈多，平均費用愈平。

🧳 托運服務（三） Luggage door to door

　　顧名思義，就是「有人上門收件，然後送件上門」。

　　托運的限期：兩天前的 8p.m. 前辦好手續，當天指定時門有人上門收件，第二天上門送件。

　　收費：每件 12 瑞郎（重量不超過 25 公斤），再加 40 瑞郎上門服務費用。

🧳 托運服務（四） Luggage door to door（Express）

　　就是即日完成「有人上門收件，然後送件上門」。

　　托運的限期：兩天前的 8p.m. 前辦好手續，當天 6 - 9 a.m. 有人上門收件，即日的 6 - 11 p.m. 送件上門。

　　收費：每件 12 瑞郎（重量不超過 25 公斤），以及 40 瑞郎上門服務費用及 30 瑞郎特快費用。

　　詳細內容請參考瑞士國鐵網：www.sbb.ch

黃金快線全攻略

　　黃金快線和冰河列車是瑞士兩條最著名的觀景列車，後者的班次比較簡單，旅客一看資料便很快掌握，前者卻複雜得多，需要花時間慢慢了解。首先，第一個重要概念，黃金快線並不只是一列列車，而是由多條路線的列車、纜車等多種交通工具組成，並由多間鐵道公司共同經營。

蒙投是黃金快線中的重要車站，插畫是附有VIP車廂的黃金快線全景列車，是我們當日搭乘的列車，上方的照片也都是黃金快線，要認識黃金快線，就一定要明白，黃金快線其實是由多條路線組成的。

黃金快線的主路線

黃金快線的主路線 Montreux - Interlaken Ost - Luzern

南段：Montreux - Zweisimmen
北段：Interlaken Ost - Luzern
中段：Zweisimmen - Interlaken Ost

主路線：Montreux - Interlaken Ost - Luzern

從路線來看，黃金快線分為主路線及分支路線，主路線由三段路線（北段、中段及南段）組成，連接瑞士的德語區及法語區，南段為 Montreux – Zweisimmen，中段為 Zweisimmen - Interlaken Ost，北段則是 Interlaken Ost - Luzern，因此乘客想完成這段「黃金快線的主路線」，便要搭乘三班不同的列車。

Montreux 是日內瓦湖其中一個漂亮小鎮，Interlaken Ost 是

登上少女峰的唯一車站，Luzern 更不用說，所以「Montreux - Interlaken Ost - Luzern」三個地方就是黃金快線最重要的三個點，因此成為大部分乘客最感興趣的地方。這三段路線也由三間鐵道公司經營：MOB（南段）、BLS（中段）及 Brunig railway line（北段）。

多條分支路線

另外，分支路線意思是指在以上三段路線或周邊的城鎮，再延伸出一些特色的觀光路線，除了火車，也有登山纜車、遊船等，在這些分支線當中，有部分是其他公司所經營。以南段 Montreux - Zweisimmen 這段的分支路線為最多元化，從 Montreux 開出的巧克力列車，就最為聞名，而且不只是一班特色列車，而是一個 one day tour，旅客搭乘巧克力列車與旅遊巴士前往三個景點，行程豐富，到傍晚才返回 Montreux！

雖然黃金快線看似有點複雜，但相信大家應該已掌握了主路線的脈絡，至於分支線希望在日後撰寫另一本作品時再分享。

主路線班次的分析

在這裡，我們使用「Montreux → Luzern」的時刻表來說明。

南 段 Montreux - Zweisimmen：車程為 1 小時 45 分左右，每天有 8 班，共有三種列車行走：全景列車、附有 VIP 車廂的全景列車及經典列車，輪流行駛。

中 段 Zweisimmen - Interlaken Ost：旅客在 Zweisimmen 下車後，在旁邊的月台即可上車。這一段的班次共有 12 班，車程 70 多分鐘，可分為 兩 小 段「Zweisimmen - Speiz」及「Speiz - Interlaken Ost」，整 天 只有 4 班是直達車，最早的一班是 11：38，在 12：49 到 達 Interlaken Ost；其餘班次都要在 Speiz 換車。還有，此段沒有全景觀列車。

北 段 Interlaken Ost - Luzern：在 Interlaken Ost 較多旅客會下車，準備登上少女峰，若要繼續第三段，也只需等候幾分鐘搭乘 Luzern - Interlake Express，屬於全景觀列車，車程接近 2 小時，全天共有 10 班。

票價（持 Swiss Travel Pass 可享免費），以下是部份例子。

南段：32 瑞郎（2nd）／ 56 瑞郎（1st）

中段：27 瑞郎（2nd）／ 48 瑞郎（1st）

北段：32 瑞郎（2nd）／ 56 瑞郎（1st）

Montreux - Interlaken Ost：52 瑞郎（2nd）／ 91 瑞郎（1st）

Montreux - Luzern：75 瑞郎（2nd）／ 132 瑞郎（1st）

哪些是全景觀列車？哪是經典列車？哪些是普通列車？

全景觀列車只有三種，南段的全景列車、附有 VIP 車廂的全景列車，以及北段的 Luzern - Interlake Express，在時刻表上以三角形標示。經典列車的構造為普通列車，有復古裝飾，車窗可以打開。

誰需要預訂？預訂有多少種類？費用？

分為「不接受預訂」、「接受預訂但不強制」及「強制性預訂」。全部的景觀列車及經典列車都屬於「接受預訂但不強制」。中段的列車，有部分也屬於「接受預訂但不強制」，部分則是「不接受預訂」；總而言之，時刻表上有「R」，便代表「接受預訂但不強制」。誰需要預訂？那就依自己的需求、淡旺季、客流量等因素來決定。預訂費（個人）：南段 8 瑞郎，中段 5 瑞郎，北段 8 瑞郎（1st class 及 2nd class 相同）。此外，「附有 VIP 車廂」的全景觀列車，預訂費為 15 瑞郎。至於「強制性預訂」，那就是巧克力列車。

黃金快線的主路線 Montreux - Interlaken Ost – Luzern

旅客從日內瓦上車的話，建議這些班次，在 Montreux 只需等候幾分鐘便可搭下一班黃金快線。

R 表示「接受預訂但不強制」
有方框的 R 表示「強制性預訂」
沒有 R 表示「不接受預訂」
三角形標示代表全景觀列車

① 黃金快線全景列車
② 附有 VIP 車廂的黃金快線全景列車
③ 黃金快線經典列車

繼續前往 Zurich／Basel 的班次

全景觀列車 Luzern - Interlake Express

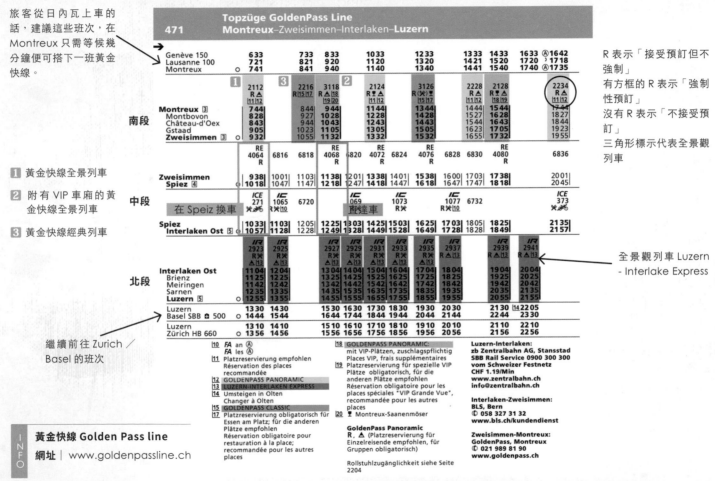

471 Topzüge GoldenPass Line
Montreux–Zweisimmen–Interlaken–**Luzern**

	①	③		②				②		
Genève 150	633		733	833		1033	1233	1333	1433	1633	Ⓐ1642
Lausanne 100	721		821	920		1120	1320	1421	1520	1720	〉1718
Montreux ○	741		841	940		1140	1340	1441	1540	1740	Ⓐ1735

	2112 R A [11][12]	2216 R [15][17]	3118 R A [18][19][20]	2124 R A [11][12]	3126 R (※) A [15][17]	2228 R ※ A [11][12]	2128 R A [18][19]	2234 R A [11][12]
南段								17:44

南段										
Montreux ③	744		844	944	1144	1344	1444	1544		1744
Montbovon	828		927	1028	1228	1428	1527	1628		1827
Château-d'Oex	843		944	1043	1243	1428	1544	1643		1844
Gstaad	905		1023	1105	1305	1505	1623	1705		1923
Zweisimmen ③ ○	932		1055	1132	1332	1532	1655	1732		1955

中段	RE 4064 R	6816	6818	RE 4068 R	6820	RE 4072 R	6824	RE 4076 R	6828	6830	RE 4080 R	6836
Zweisimmen	938	1001	1103	1138	1201	1338	1401	1538	1600	1703	1738	2001
Spiez ④ ○	1018	1047	1147	1218	1247	1418	1447	1618	1647	1747	1818	2045

中段	ICE 271 ※⏧	IC 1065	6720	ICE 069	IC 1073 R※	IC 1077 R※[10]	6732	ICE 373 ※⏧
	在 Speiz 換車			配達車				
Spiez	1033	1103	1205	1225 1303	1425 1503	1625 1703	1805	1825 2135
Interlaken Ost ⑤	1057	1128	1228	1249 1328	1449 1528	1649 1728	1828	1849 2157

北段	IR 2923 R※[13]	IR 2925 R※[13]	2927 R※[13]	2929 R※[13]	2931 R※[13]	2933 R※[13]	2935 R※[13]	2937 [13]	IR 2939 R[13]	IR 2941 R[13]
Interlaken Ost	1104	1204	1304	1404	1504	1604	1704	1804	1904	2004
Brienz	1125	1225	1325	1425	1525	1625	1725	1825	1925	2025
Meiringen	1142	1242	1342	1442	1542	1642	1742	1842	1942	2042
Sarnen	1235	1335	1435	1535	1635	1735	1835	1935	2035	2135
Luzern ⑤ ○	1255	1355	1455	1555	1655	1755	1855	1955	2055	2155

Luzern	1330	1430	1530	1630	1730	1830	1930	2030	2130	[14]2205
Basel SBB 500 ○	1444	1544	1644	1744	1844	1944	2044	2144	2244	2330
Luzern	1310	1410	1510	1610	1710	1810	1910	2010	2110	2210
Zürich HB 660 ○	1356	1456	1556	1656	1756	1856	1956	2056	2156	2256

[10] FA an Ⓐ / FA les Ⓐ
[11] Platzreservierung empfohlen / Réservation des places recommandée
[12] GOLDENPASS PANORAMIC
[13] LUZERN-INTERLAKEN EXPRESS
[14] Umsteigen in Olten / Changer à Olten
[15] GOLDENPASS CLASSIC
[17] Platzreservierung obligatorisch für Essen am Platz; für die anderen Plätze empfohlen / Réservation obligatoire pour restauration à la place; recommandée pour les autres places

[18] GOLDENPASS PANORAMIC: mit VIP-Plätzen, zuschlagspflichtig / Places VIP, frais supplémentaires
[19] Platzreservierung für spezielle VIP Plätze obligatorisch, für die anderen Plätze empfohlen / Réservation obligatoire pour les places spéciales "VIP Grande Vue", recommandée pour les autres places
[20] ♥ Montreux-Saanenmöser

GoldenPass Panoramic
R, △ (Platzreservierung für Einzelreisende empfohlen, für Gruppen obligatorisch)

Rollstuhlzugänglichkeit siehe Seite 2204

Luzern-Interlaken:
zb Zentralbahn AG, Stansstad
SBB Rail Service 0900 300 300
vom Schweizer Festnetz
CHF 1.19/Min
www.zentralbahn.ch
info@zentralbahn.ch

Interlaken-Zweisimmen:
BLS, Bern
© 058 327 31 32
www.bls.ch/kundendienst

Zweisimmen-Montreux:
GoldenPass, Montreux
© 021 989 81 90
www.goldenpass.ch

INFO

黃金快線 Golden Pass line
網址 | www.goldenpassline.ch

三吃瑞士的傳統味道（下）

在百年老店再次品嚐烤起司

本文是最後一篇的「起司美食報告」。我們在巧克力列車一日團（P.262）參觀完古鎮格律耶爾的城堡後，已是午餐時間，來到其中一個瑞士起司產區，當然要品嚐一下起司美食，回頭走到一間名為Restaurant Le Chalet 的餐廳，很容易找到，就在廣場後面的小斜坡上，一邊是一棟窗前種滿鮮花的傳統瑞士大屋，也就是室內用餐區，外觀及內部裝潢都充滿懷舊的農村風格；另一邊是夏天才開放的露天用餐區，這天客人特別多，兩邊都坐滿，幸好與我們同行的瑞士國鐵代表 Svenja 已訂位了。

鎮上最人聲鼎沸的餐廳

Svenja 介紹這家農舍餐廳是歷史悠久的老店，本身也是旅館，即使事前沒有對鎮上的餐廳做功課，只要在廣場四周觀望一下，便會發現只有這一間的顧客人數可用「人聲鼎沸」來形容。

菜單上清楚列出這裡的起司火鍋（Fondue）是採用本區的 Gruyere 起司，點餐時，我倆驚喜地發現另一道起司佳餚——烤起司，也出現在菜單上。兩種起司美食都是配上馬鈴薯、醃菜的話，價錢一樣是29.5 瑞郎，再加上火腿，便是 39.5 瑞郎。

我們在策馬特享用過起司火鍋，至於烤起司，雖然在琉森時品嚐過，但那次使用的兩用電子烤爐其實是新潮的吃法，所以這天決定選擇傳統吃法的烤起司。最常見的瑞士起司有 9 種，起司火鍋是使用 Emmental、Gruyere 等，至於「烤起司」，便是Raclette 起司了。

約 1 公斤重的 Raclette 起司

當微焦的起司出現，就是享用黃金時機！

融化中的起司，魅力非凡，你可以再吃多少盤？

與我們同行的瑞士國鐵代表 Svenja

這幾位客人點了起司火鍋和烤起司，同時享受兩種起司佳餚。

Raclette 起司與烤起司

Raclette 起司屬於半硬質，每塊重 4.8～6.4 公斤，外皮為褐色，內層為黃色，質地平滑，易於融化。「烤起司」這道菜式的瑞士名稱是 Raclette（來自法語的 racler，意思為刮掉、擦掉），與 Raclette 起司是同樣寫法，可見烤起司首推 Raclette 起司！烤起司是瓦萊地區（Valais）的傳統菜餚，因為十分流行，在全瑞士很多餐廳都可以吃到，尤其是法語區。

就這樣，我們三人點了一份烤起司搭配馬鈴薯、醃菜及火腿一起分享，再各自加點一份沙拉。不久，穿著像傳統瑞士服飾的女服務生便奉上一台專用電子烤爐，以及馬鈴薯、黃瓜、沙拉等，最後就是主角一塊 Raclette 起司；Svenja 這時說明，最傳統的吃法是將整塊 Raclette 起司切成一半（大約 3 公斤），那其實是 10 人份量，瑞士一般女性吃 3 盤就會飽，男性則約 5 至 6 盤，因此餐廳將份量調整成兩至三人份（估計這塊起司大約 1 公斤），這樣客人就可以加點其他食物。

黃金的品嚐時機

方磚外形的 Raclette 起司放在烤爐的鐵板上，熱力從上方傳送，不一會兒，起司的表面開始融化，濃濃的香味讓我們精神為之一振，喜悅又期待的心情湧現在每人的臉上；當微焦的起司出現，就是品嚐的黃金時機，這時可把鐵板推向自己，用刀子輕輕地刮下已融掉的起司在盤子上，然後再加上馬鈴薯、醃洋蔥及黃瓜，還可以灑上一些胡椒香料，就可以開動囉！

INFO
Restaurant Le Chalet 餐廳
網址｜ www.gruyeres-hotels.ch

少女峰地區

Jungfrau Region

7

Jungfrau Region

施雷克峰
（Shreckhorn，4078 公尺）

艾格峰
（Eiger，3970 公尺）

格林德瓦 Grindelwald

少女峰地區的幾個山谷小鎮之一，是我們住宿的地方。
走在鎮上，可欣賞三座山峰：艾格峰（Eiger）、
施雷克峰（Shreckhorn）及貝塔峰（Wetterhorn）。

先安排住宿再展開登峰之旅

住在山谷小鎮？還是山腳的市區？

進入全書的最後一章，也是我們瑞士旅程的最後高潮。對於外國旅客來說，瑞士的阿爾卑斯山群中，最有名的莫過於海拔 3454 公尺高的少女峰（Jungfrau），素有歐洲之巔（Top of the Eruope）的美名，許多人就是為了親近她而踏足瑞士。

登峰之旅前，先說住宿的安排，因為這裡是一片很廣大的區域，較多旅客會選擇住宿的幾個美麗小鎮，分散在不同的位置。如果只是為了登上歐洲最高的火車站 Jungfraujoch，觀賞少女峰的美景便要下山，只留宿一晚的話，住在山腳的市區會較為方便；假使要待上多天，山谷的小鎮則是較佳的選擇，因為景觀漂亮許多。

少女峰地區之門戶

山腳的市區因特拉肯（Interlaken），位於圖恩湖（Lake Thun）與布里恩茨湖（Lake Brienz）之間，因而得名 Interlaken，即是兩湖之間的意思。Interlaken 有兩個火車站，分別為 Interlaken Ost 和 Interlaken West，兩站之間有一條大街貫通，徒步走約 20 分鐘。請注意登山鐵道是從 Interlaken Ost 出發。

以城鎮與湖泊風光為主的 Interlaken

在海拔 568 公尺的 Interlaken，以城鎮與湖泊風光為主，重點是完全看不到幾座世界聞名的巍峨高峰。如果要住在 Interlaken，挑選 Interlaken Ost 周邊的旅館較好，方便坐火車上山。車站附近有一間青年旅社，備受好評，不妨考慮。

整條鐵道共分三段，需換兩次車

山中的幾個小鎮大致分佈在兩個範圍，使用鐵道路線來說明，旅客們較容易掌握。整條路線共有三段鐵路，即需換兩次車。首先，在 Interlaken Ost 開出的列車行駛到 Zweilutschinen 站時會分車，分為左、右兩方向，後四節的列車走左線，到達 1034 公尺的格林德瓦（Grindelwald），此處就是左線上的熱門小鎮。

右線的熱門小鎮：Lauterbrunnen

前四節的列車駛向 796 公尺的勞特布龍嫩（Lauterbrunnen），則是右線的熱門小鎮。格林德瓦與勞特布龍嫩就是山中左右兩區主要的住宿地點，均是重要的車站，Interlaken Ost → Grindelwald／Lauterbrunnen 其實是第一段的鐵道，旅客需要在 Grindelwald／Lauterbrunnen 下車，再轉車繼續上山，此為第二段鐵道。然後，在 Grindelwald／Lauterbrunnen 上車的兩批旅客就在客來雪德（Kleine Scheidegg）相遇，一起轉搭最後一段列車登上頂峰！

從地圖上來看，勞特布龍嫩附近還有幾個風味十足的小鎮，都是需要轉搭其他交通工具才能前往，包括溫根（Wengen）、穆倫（Murren）。

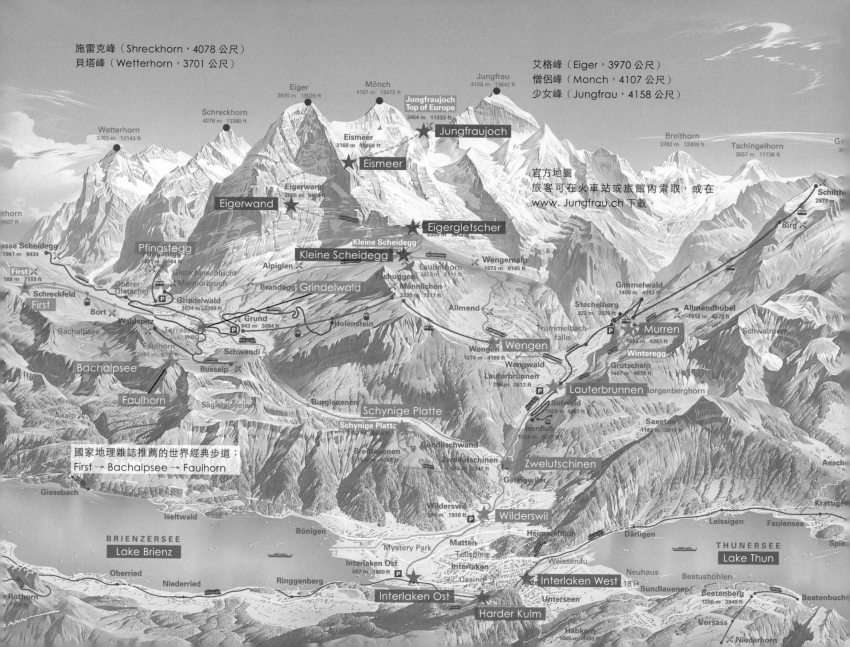

施雷克峰（Shreckhorn，4078 公尺）
貝塔峰（Wetterhorn，3701 公尺）

艾格峰（Eiger，3970 公尺）
僧侶峰（Monch，4107 公尺）
少女峰（Jungfrau，4158 公尺）

Eiger
3970 m 13026 ft

Mönch
4107 m 13475 ft

Jungfrau
4158 m 13642 ft

Jungfraujoch
Top of Europe
3454 m 11333 ft

★ Jungfraujoch

官方地圖
旅客可在火車站或旅館內索取，或在
www. Jungfrau.ch 下載。

Eismeer
3160 m 10368 ft

★ Eismeer

Schreckhorn
4078 m 13380 ft

Wetterhorn
3701 m 12143 ft

Breithorn
3782 m 12409 ft

Tschingelhorn
3557 m 11736 ft

Eigerwand
2865 m 9400 ft

★ Eigerwand

Schilt
2971 ft

Eigergletscher
2320 m

★ Eigergletscher

Birg

...horn
...607 ft

Pfingstegg
1391 m 1564 ft

Kleine Scheidegg
2061 m

★ Kleine Scheidegg

Wengernalp
1873 m 6145 ft

Gimmelwald
1400 m 4593 ft

...sse Scheidegg
1961 m 6434

First
...168 m 7113 ft

First ✕

Gletscherschlucht

Oberer
Gletscher

Marmorbruch

Alpiglen ✕

Lauberhorn
2472 m 811 ft

Tschuggen

✕ Wengernalp

Stechelberg
922 m 3025 ft

Allmendhubel
1912 m 6273 ft

Schreckfeld

Brandegg

Grindelwald

Männlichen
2230 m 7317 ft

Murren
1634 m 5361 ft

Schwainen

Bort ✕

Grindelwald
1034 m 3393 ft

Allmend

Winteregg

First

Waldspitz

Grund
943 m 3094 ft

Holenstein

Wengen
1274 m 4180 ft

Wengen

Frummelbach-
fälle

Grütschalp
1487 m 4879 ft

Bachalpsee

Terrassen
weg

Schwendi

Wengwald

Faulhorn
2681 m 8796 ft

Lauterbrunnen
796 m 2612 ft

Lauterbrunnen

...orgenberghorn

Bachalpsee

Bussalp

Sulwald
1520 m 4987 ft

Saxeten
4167 m 3615 ft

Faulhorn

Sägistalseelen

Isenfluh
1024 m

國家地理雜誌推薦的世界經典步道：
First → Bachalpsee → Faulhorn

Schynige Platte

Schynige Platte

Burglauenen

Axalp

Gündlischwand

Zwelutschinen
...242 ft

Zwelutschinen

Giessbach

Breitlauenen
...057 ft

Gsteigwiler

Aesch...

Iseltwald

Wilderswil
584 m 1916 ft

Wilderswil

Leissigen

Faulensee

Oberried

Niederried

Ringgenberg

Mystery Park

Matten
Tellspiele

Interlaken

Casino

Weissenau

Darligen

Neuhaus
Beatushöhlen

Interlaken West 18 H

THUNERSEE
Lake Thun

BRIENZERSEE
Lake Brienz

Bönigen

Interlaken Ost
567 m 1860 ft

Interlaken Ost

Unterseen

Sundlauenen

Beatenberg
1200 m 3940 ft

Beatenbuch...

...Rothorn
...710 ft

Habkern
1065 m 3493 ft

Harder Kulm

Vorsass

Niederhorn

Spie...

Kra...gen

🧳 完整的鐵道路線

　　想要完整觀看鐵道沿線的景色，可從左線上山、右線下山，相反亦可。

上行路線｜Interlaken Ost → Zweilutschinen → Grindelwald（換車）
　　　　　 → Kleine Scheidegg（換車）→ Jungfraujoch（頂峰）

下行路線｜Jungfraujoch（頂峰）→ Kleine Scheidegg（換車）→
　　　　　 Lauterbrunnen（換車）→ Zweilutschinen → Interlaken Ost

Grindelwald 站　　　Interlaken Ost 站

🧳 少女峰區的五天四夜行程

第 1 天｜上午在蒙投車站使用 Express Luggage 寄送行李。
　　　　下午在格林德瓦小鎮辦理旅館的入住手續。
　　　　遊覽格林德瓦的景點：普芬斯蒂格（Pfingstegg）。
　　　　傍晚在格林德瓦車站取回行李。

第 2 天｜上午坐火車登少女峰。
　　　　山上健行（Eigergletscher →客來雪德）。

第 3 天｜上午遊覽格林德瓦的景點：菲斯特（First）。
　　　　下午遊覽穆倫（Murren）。

第 4 天｜上午遊覽徐尼格景觀台（Schynige Platte）。
　　　　下午遊覽哈德昆（Harder Kulm）。

第 5 天｜旅程最後一天，因為是搭乘瑞士航空，適用於 Express Flight Luggage 這種托運服務，於是早上在 Interlaken Ost 辦理手續，直接托運兩大件行李，然後在白天輕鬆遊玩，晚上在蘇黎世機場登機，直至回到香港機場才取回行李。

（上）Grindelwald 月台。（下左）Interlaken Ost → Grindelwald 的列車。（下右）Grindelwald → Kleine Scheidegg 的列車。

通往少女峰的山谷小鎮 ｜ 格林德瓦

從 Interlaken Ost 搭上列車，約 30 多分鐘便可抵達這個散發著溫馨寫意氛圍的山谷小鎮——格林德瓦（Grindelwald）。這裡最吸引我們的景觀，就是在小鎮的任何地方，只要一抬頭，都會看到三座高聳挺拔的巨大山峰，艾格峰（Eiger，3970 公尺）、施雷克峰（Shreckhorn，4078 公尺）及貝塔峰（Wetterhorn，3701 公尺）所組成的雄偉壯麗山景，讓每一位初次到訪的旅客留下深刻印象。

住在傳奇巔峰下的小鎮

最接近小鎮的艾格峰，與著名的少女峰、僧侶峰並排聳立，這黃金組合是整個山區的三大焦點，但要注意在格林德瓦是看不到少女峰的。艾格峰的高度雖然不到 4 千公尺，其北壁與馬特洪峰齊名，是世界公認歐洲三大最兇險的峭壁。

雖然艾格峰早在 1858 年被登頂成功，但對於沉迷冒險、熱愛挑戰難度的登山者來說，能從北面峭壁攀上艾格峰，才是登山者的榮耀，然而，各國登山家的夢想與生命，最終都隨著北壁變幻莫測的風雪、落石、雪崩一起隕歿。1936 年的夏天，德國奧林匹克攀山隊挑戰艾格峰北壁的遇險實錄，更被改編成電影 Nordwand（北峰／亡命巔峰）。

與艾格峰面對面的陽台時光

我們住的旅館 Hotel Bernerhof，其「Deluxe Eigerblick」房間的陽台面向艾格峰，小鎮與壯碩的山峰距離很近，無論在街道上或在陽台上，都有種被巨人俯視的震撼感，視覺效果非常強烈。

每天行程結束返回旅館，天色依然明亮，此時靜靜坐在旅館陽台，或看書或寫生，偶爾凝視著眼前的灰色岩壁與終年積雪，想像昔日勇敢的登山者如何與大自然奮戰……與山對話與山對看的悠閒時刻多麼療癒。房間含早餐的價格為 239 瑞郎，面積雖然比策馬特的略小，但早餐讓人驚喜，景觀很棒，非常值得！

小鎮上的兩間超市

格林德瓦火車站的前方就是熱鬧的商店街，左右兩排主要是戶外用品店、紀念品店、餐廳以及旅店，從火車站月台步行不到一分鐘便是我們的旅館。沿著大街繼續走，會經過火車站附近的 COOP 以及遠一點的 Migros，COOP 比較大間，還有搶手的熱騰騰美味烤雞，而 Migros 則營業得比較晚。

艾格峰 Eiger

（上左）小鎮上的大街，後方就是施雷克峰。（上中）前往鎮上景點普芬斯蒂格（Pfingstegg）觀景台時，路經寧靜優美的墓園，其上方是艾格峰，前頁的畫作繪於此。（上右）車站前的餐廳及旅館，Hotel Bernerhof 就在這裡。（下左）大街上有多間運動用品店，我們就在這間 Bernet Sport 租用登山鞋。（下中）暑假期間舉行美食節，整條街變成行人專區，大家熱鬧地在街道上吃晚餐和看音樂表演。（下右）普芬斯蒂格的纜車站。

右頁的圖：登上普芬斯蒂格，人們可以近距離欣賞艾格峰的風采，視野一流。

山勢險峻的艾格峰北壁 Eiger North Face
歐洲最困難攀爬的三大北壁

將整個山谷的壯麗景色盡收眼底

小鎮上有兩個纜車站,分別登上菲斯特(First)與普芬斯蒂格(Pfingstegg),都是不可錯過的好地方。前往菲斯特及周邊的景點,需要較多的時間,因此安排在另一天。

第一天下午抵達,我們把握時間去了普芬斯蒂格,其纜車站就在小鎮的東邊(車資單程、來回分別為 16、24 瑞郎,持 Swiss Travel Pass 可享半價)。沿著大街走過去約 15 分鐘,會先經過菲斯特的纜車站,再走過教堂及墓園後便到達。普芬斯蒂格是一座海拔 1391 公尺的觀景台,位於 Mettenberg 山峰之山腰,乘纜車不到十分鐘。

在小鎮上散步,無法一窺山谷的全貌,要俯瞰山谷的壯麗景色,就要登上這座觀景台。山谷間飄著一層薄霧,村莊美得出塵脫俗。

這裡可以近距離看到艾格峰,艾格峰擁有極為陡峭的北壁,打從心底裡佩服那些捨易取難、挑戰北壁的攀登者。觀景台還有一條長達 736 公尺的滑車道,下降垂直高度差達 58 公尺,旅客可以玩著看似刺激其實溫和的滑車,一邊觀賞風景,大人小孩都會興奮不已!

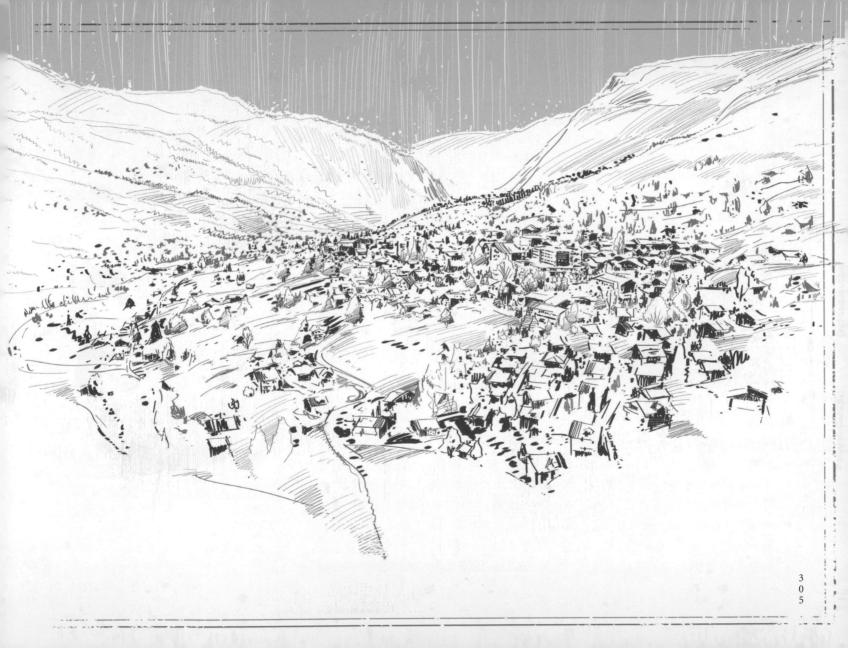

健行，是我們在少女峰地區的重要環節，Check in 後便為未來數天的健行做準備，先在大街上的運動用品店租登山鞋，店家的鞋看起來都很新又乾淨，而且都是高品質、性能非常好的防水登山鞋，租三天每雙約 53 瑞郎。

在少女峰的第三天，天氣開始轉壞，幸好前一天在紀念品店發現了質感很好的瑞士國旗便利雨衣，只要 7 瑞郎，就有防風防雨又輕便的效果。瑞士人都說，沒有不適合登山健行的天氣，只有不適合的裝備，尤其像我們這些沒經驗的登山門外漢，走在濕滑的碎石山路上就會擔心滑倒，幸好一開始就租了一雙抓地力強的好鞋子，讓我們擁有無比安全感，放心地在雨中的健行道上大步走。

  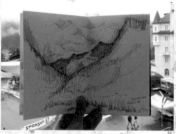 

完整享受整個山區的景色

如前所述，少女峰地區的山谷小鎮，並非只有格林德瓦適合停留，另一頭的勞特布龍嫩和溫根也很棒。勞特布龍嫩位於山谷中，鎮上有 70 多個瀑布和小河，因此被命名為 Lauter Brunnen，即是眾多泉水的意思，所以有「瀑布鎮」之稱，其中最大的 Staubbach 瀑布更是整個村子的亮點。

溫根座落在少女峰山腳下，是無汽車行駛的小鎮，這裡設有不少特色旅館。下次再來的話，我們就會選擇勞特布龍嫩或溫根作為停留點，甚至從勞特布龍嫩轉搭纜車登上懸崖上的穆倫山村，如此一來，就可以把山區左右兩邊的好風光蒐集起來，拼貼成完整的少女峰回憶。

INFO

Hotel Bernerhof
網址 │ www.hotel-bernerhof-grindelwald.ch

普芬斯蒂格
網址 │ www.pfingstegg.ch

Jungfraubahn 少女峰鐵道

列車載我們穿過艾格峰登上歐洲最高的火車站

前兩篇介紹過少女峰地區的主要住宿地點、景點及交通，緊接而來是重頭戲了，來到少女峰，要怎麼玩、如何看呢？一開始，看鐵道！

齒軌鐵路是少女峰的一個奇蹟

少女峰的名氣，並不只因為她夠高，而是百餘年前人類在這裡創造的鐵道奇蹟。在很多國家，要登上高海拔的高原山脈雪峰，一直都是需要大費周章、準備大量裝備、考驗體能與耐力的事，但在瑞士，每個人坐上鐵路、搭上纜車就能以當天來回的方式，輕鬆地從平地穿越到雲層上的雪山。

少女峰地區就擁有這樣的鐵道，從山腳下的 Interlaken Ost 出發，換乘三段鐵路，只要兩個多小時車程，就能抵達高 3454 公尺的少女峰火車站（Jungfraujoch），本來遙不可及的冰河奇景轉眼間就近在咫尺。三段鐵路的最後一段，才是名副其實的少女峰鐵道（The Jungfrau Railway）！因為從客來雪德（Kleine Scheidegg）到 Jungfraujoch 這短短 9 公里的路程，有超過 7 公里都建於山體之內，在一百多年前科技不發達、工程要歷經重重困難的年代，熱愛登山的瑞士人為了要讓更多人能親近少女峰，他們以鐵杵磨成針的毅力與遠見，不間斷地以人工敲鑿了 16 年，終於建成了這個歐洲海拔最高的火車站——少女峰火車站。

第一段鐵路

第二段鐵路：我們在格林德瓦站上車展開歐洲最高車站之旅。

客來雪德（Kleine Scheidegg）是真正少女峰鐵道的開始。

澄清美麗的誤會

有些人會誤會，被譽為「歐洲之巔」少女峰就是「歐洲最高的山峰」，以高度來說，她並不是，歐洲第一高峰是位於法義邊界的白朗峰（Mont Blanc），而在瑞士境內共有 24 座超過 4 千公尺的山峰，最高的是羅莎峰（Monte Rosa），馬特洪峰是第 5 位，少女峰是第 16 位。

再收窄範圍，少女峰（4158 公尺）位於伯爾尼茲阿爾卑斯山脈（Bernese Alps，即西阿爾卑斯山脈的一部分），山脈最高峰是芬斯特瓦山（Finsteraarhorn，4274 公尺），少女峰則排第三。

Swiss Travel Pass 在少女峰地區的適用範圍

關於 Interlaken Ost → Jungfraujoch 之間的路線，已在前文說明。至於大家十分關心的車費問題，先說明一下，Interlaken Ost → Grindelwald 或 Lauterbrunnen 及 Wengen，只要持有 Swiss Travel Pass 都是免費，再繼續往上走，直至 Jungfraujoch，則只能享 75 折，請大家留意。

早上的時段，車廂坐滿旅客，就像台北或香港的捷運尖峰時間一樣啊！

少女峰鐵道第一站
Kleine Scheidegg 站

客來雪德集結了來自格林德瓦與勞特布龍嫩兩地的旅客，大家再一起坐上最後一段的鐵道上山。

第一段鐵路：Bernese Oberland Railway（BOB）
Interlaken Ost → Lauterbrunnen ／ Grindelwald
（車程 20 ／ 34 分鐘；二等車票 7.6 ／ 11 瑞郎）

第二段鐵路：Wengernalp Railway（WAB）
Lauterbrunnen ／ Grindelwald → Kleine Scheidegg
（車程 43 ／ 33 分鐘；二等車票 30 ／ 31 瑞郎）

第三段鐵路：The Jungfrau Railway（JB）
Kleine Scheidegg → Jungfraujoch（車程 52 分鐘；此車只有二等車廂，來回車票分為淡季、旺季等三種價錢，102-152 瑞郎不等）

隨著最後一段的火車啟動，在雪峰背景的襯托下，深紅的列車載著
我們在一大片青草原上奔馳中，百年鐵道奇觀的體驗之旅，開始了

火車上塞了滿滿的旅客，所有人對於這趟鐵路之旅的興奮心情溢於言表。終站前會經過 Eigergletscher、Eigerwand、Eismeer 三個站，終點 Jungfraujoch 並不在少女峰之上，而是位於僧侶峰與少女峰之間的山坳處。

整段鐵道中最不可能的奇蹟，就是火車駛離 Eigergletscher 站後便進入隧道，代表著鐵道貫穿山體，全長 7 公里的隧道都建在 3 千公尺上的艾格峰及冰河之內，總共爬升了 1400 公尺。

🧳 百年前，工人在「山峰裡」艱苦地工作

開鑿山中隧道看似平常，但這項被稱為奇蹟的鐵道工程卻是在 1895 年動工。當年由 Adolf Guyer Zeller 鐵道工程師所提出，想必過程中無可避免地會遭遇很多開鑿山壁的問題。想像一下，那是一百年前，不但沒有先進的機器，重點是工人在海拔 3 千多公尺的「高峰裡」工作，以人力開鑿堅硬無比的花崗岩；而且一年四季裡，工人分為三班制日夜不停趕工，即使寒冬期間也沒有休息，還要克服嚴苛的氣候，工程的艱鉅與複雜，實非我們常人所能想像及體會！足足花了 16 年、追加兩倍預算後，全線才在 1912 年通車，可惜工程師 Adolf 已於 1899 年離世，無緣等到通車的大日子。

🧳 播放開鑿山洞的紀錄影片

進入山洞後，車廂內開始播放鐵道的歷史影片、目前攀升的海拔高度、溫度、以及整個觀景台的區域分佈。

Adolf 被譽為瑞士鐵道之父，其雕像設於終站之內，以紀念他的偉大貢獻。

少女峰鐵道第二站 Eigergletscher 站

此站附近有許多風景優美的步道，有不少旅客會在這裡下車。從這裡到 Kleine Scheidegg 的 37 號步道，是一條輕鬆易走的經典路線，我們回程時便走在其中。右下圖是在健行時拍下，在火車上是拍不到的。

🧳 在山裡的觀景台觀看令人驚嘆的景色

　　列車在 Eigerwand（2865 公尺）和 Eismeer（3160 公尺）兩站各停留 5 分鐘，因為唯有上山時才有這個機會，通常整車的旅客都會立即下車走到山中觀景台。這個觀景台是在山體裡特別開鑿出來，可在山洞裡隔著玻璃窗欣賞和拍攝外面的高山美景。前一站可以俯瞰下方的谷地和格林德瓦、後一站可近距離觀賞冰河景色，兩站分別為 1903 及 1905 年開通，站內放了許多當時開鑿的歷史照片。

少女峰鐵道第三站
Eigerwand 站

🧳 Eigerwand 觀景台的位置

　　Eigerwand 位於 Eiger 山體之內，上圖的圓圈就是觀景台的所在，如果不是下山後在 Eigergletscher 站健行，同行的旅遊局代表 Sandra 告訴我們，就無法知道它的位置，遠眺著我們不久前還身處的觀景台，想像著火車貫穿山體行走，不得不佩服這項百年鐵道的奇蹟！

珍貴紀錄：當時工作人員開鑿隧道的艱苦情況。（官方照片）

少女峰鐵道第四站 Eismeer 站 |

在 Eismeer 站看出去的是 Grindelwald-Fiescher Glacier 冰河，未抵達終站已看到如此壯觀的冰河景觀，彷如電影預告一樣，好戲在後頭！

珍貴紀錄：最早期的 Eismeer 站，當時還未裝上玻璃，但設有望遠鏡供觀賞群山景色。（官方照片）

Jungfrau VIP Pass

除了 Swiss Travel Pass，旅客也可選擇 Jungfrau VIP Pass，可連續 3 -8 天免費使用大部分此區的交通工具，注意此券不包含 Kleine Scheidegg 到 Jungfraujoch 這一段，卻可享接近半價以購買。

此外持有有效的 STP，亦可以優惠價錢買 JVP，注意使用 JVP 時便同時扣掉 STP 的有效日子。詳情請至官網 www.jungfrau.ch 好好研究和比較。

登上歐洲屋脊，觀賞阿爾卑斯山脈第一冰川｜阿萊奇冰川

　　穿越黑暗的少女峰山中鐵道，我們終於抵達歐洲最高的火車站。耀眼的皚皚白雪，眼前的世界只有黑白灰藍，心裡默默感激著百年前異想天開的大膽鐵路工程師與艱辛付出的鐵道工人們，讓世世代代無需冒死登峯，就可以輕鬆親近壯麗的冰川景色。這裡不僅是一個車站，更是一個展示築夢成果的天堂！

阿萊奇冰川（Aletsch Glacier）的源頭就在少女峰的南面。

位於伯爾尼茲阿爾卑斯山脈（Bernese Alps）的少女峰（Jungfrau，4158公尺），其左方還有僧侶峰（Monch，4107公尺）與艾格峰（Eiger，3970公尺），長長一排屬於同一山脈斷層，因此少女峰也有「歐洲屋脊」之稱。

不是登上少女峰，也看不見艾格峰

人們常說「要登上少女峰」，正式來說，大家去的其實是 Jungfraujoch Top of Europe 觀景台，這是位於少女峰與僧侶峰之間的山坳（英文為 Col，又稱坳、山凹，是兩座山間凹下的地方），並非真的在少女峰。在這處只可以觀賞到少女峰與僧侶峰，卻看不到艾格峰，要看到氣勢壯闊的三峰連線景色，雪朗峰觀景台（Schilthorn）才是熱門的觀賞地點。

少女峰車站是個山體裡的車站，旅客們就在隧道升降機之間，通往不同景點和設施，最重要、最不可錯過的共有三個區域。

可望而不可即的少女峰山頂

我們先到萬年雪平原（Plateau），探望少女峰本尊。走出戶外，在白雪覆蓋的山坡上，終於近距離看見了少女峰頂。在這麼近距離下觀賞，有種過於真實反而不真實的微妙感，我們還是喜歡跟她保持一點距離，站在另一邊山頭，距離較遠地觀賞少女峰迷人的經典畫面！

Plateau 萬年雪平原 | 為一大片平坦的雪地，兩側拉起護欄，旅客可以靠近觀賞少女峰及周圍的山景。

少女峰鐵路護照 | 每位旅客都能獲贈一本「少女峰鐵路護照」，紀念這趟特別的旅程，封面採用瑞士國旗的紅色，裡面有少女峰地區的旅遊資料、鐵路的歷史和建造、艾格峰北壁及少女峰高山研究站等的知識和趣事。

最後一頁是證書，可以親自蓋上日期印章，華人旅客通常是簡體中文版的護照，如果你不想要簡體的，也可以去櫃台換英文版本。（蓋章處在餐廳的旁邊）

拿著少女峰鐵路護照，蓋個日期印章吧！

「13. 08. 2015」
我們就在這一天登上 Jungfraujoch 了！

少女峰（Jungfrau，4158 公尺）
1811 年，第一次被成功登頂。

眺望阿萊奇冰川也是此行目的！

　　離開第一站，準備前往令人大飽眼福、最精采的第二站了。搭乘升降機升到海拔 3571 公尺的觀景台 Sphinx Observatory。站在車站的最高點，我們不只近距離觀到看僧侶峰，同時也遠眺了阿萊奇冰川（Aletsch Glacier），這就是今天最重要的目的！（觀景台的球體建築，是全歐洲最高的天文台，主要是讓科研工作者進行研究工作，不對外開放。）

Sphinx Observatory 最高的觀景台

站在這裡，凝視萬年冰川流動的痕跡與紋路，彷彿看到被冰雪封印著的生命力與動感。

世界遺產瑞士阿爾卑斯山│少女峰－阿萊奇地區

我們常聽到的「少女峰被列為世界遺產」，更準確地說，要從阿爾卑斯山脈（Alps）說起，這是位於歐洲中心很長的山脈，涵蓋了義大利、法國、瑞士等多國。座落瑞士中部及東南部的那一段，稱為瑞士阿爾卑斯山脈（Swiss Alps），佔全國面積約六成。少女峰則位於這段山脈偏西的位置，又稱為伯爾尼茲阿爾卑斯山脈。

🧳 阿萊奇冰川的源頭就在少女峰

阿萊奇冰川集合了少女峰及周邊山峰的冰川洪流，冰川融水流經馬薩峽谷（Massa Gorge），最後才注入羅納河（Rhone），因此普遍會將少女峰認定為阿萊奇冰川的源頭。阿萊奇冰川全長 23 公里，面積超過 120 平方公里，是歐洲阿爾卑斯山脈最長、最大的冰川。

🧳 世界自然遺產：少女峰－阿萊奇冰川綜合山區

這個區域以超凡脫俗的美景而聞名於世，於 2001 年被列為世界自然遺產，定名為「世界遺產瑞士阿爾卑斯山：少女峰－阿萊奇地區」（UNESCO Swiss Alps Jungfrau-Aletsch World Heritage Site）。2007 年被列入的範圍進一步擴大，還包含阿萊奇冰川東北的兩處冰川：費舍冰川（Fiescher Glacier）和阿勒冰川（Aare Glacier）以及比奇峰（Bietschhorn）等。

🧳 看似一動不動地流動著

冰川（Glacier），又稱冰河，是指大量冰塊堆積形成如同河川般的地理景觀，並且是一個巨大的流動固體。我們在觀景台觀察到的阿萊奇冰川，看起來是凝結不動，實則上它每年以遠超想像 180 公分的慢速緩緩地、緩緩地流動著。

隨著全球氣溫持續暖化，阿萊奇冰川在 2006 年已消融了 100 公尺，專家更預測到 2100 年，屆時只有海拔 4 千公尺以上的冰川才能倖存。

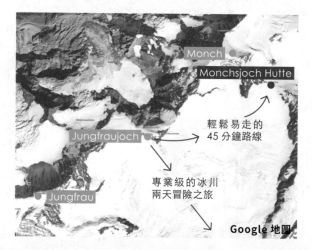

Monch
Monchsjoch Hutte
輕鬆易走的
45 分鐘路線
Jungfraujoch
專業級的冰川
兩天冒險之旅
Jungfrau
Google 地圖

322

Google 地圖

Grindelwald

Lauterbrunnen

Kleine Scheidegg

Aare Glacier

Eiger

Murren

Monch

Schilthorn

Jungfraujoch

Jungfrau

來自少女峰及其周
邊山峰的冰川洪流

Fiescher Glacier

Aletsch Glacier

阿萊奇冰川（Aletsch Glacier）
長 23 公里，平均寬度 1800 公尺，
面積為 120 平方公里，冰川含冰重
量高達 270 億噸。

Bietschhorn

世界遺產瑞士阿爾卑斯山：少女峰－阿萊奇地區
UNESCO Swiss Alps Jungfrau-Aletsch World
Heritage Site

Massa Gorge

寬大無比的白色冰川，藍天下更顯得浩瀚遼闊！

（右）看完冷色調的冰河景色，來到觀景台的另一邊，銀白冰川下的綠色山谷，馬上為視野注入了生命力，但同時也帶來了不安與憂心，因為冰川旁的綠地正是暖化的鐵證。 Kleine Scheidegg 就在某個角落，不久之前就是從那邊登上鐵道奇蹟列車。

（左）最後出場就是龐大壯碩的僧侶峰

Kleine Scheidegg

冰雪樂園｜多種冰雪體驗讓你玩個痛快

離開最高點，坐升降機來到最有趣的第三站：冰雪樂園（Snow Fun）。這裡跟 Sphinx 觀景台一樣，擁有廣闊的阿萊奇冰川景色，還可以踏在雪地上玩個盡興，滑雪、滑雪板、雪盤，雪橇、雪上摩托車、滑雪氣墊、雪上空中纜繩等等，總會找到你喜愛的，收費約 15 至 35 瑞郎，就能一同投入歡樂愉快的氣氛。

🧳 刺激、緊張、好玩的冰雪上飛行體驗

眾多雪上活動中，最刺激、緊張的莫過於雪上空中纜繩（Flying Fox），玩一次 20 瑞郎，工作人員為我們繫上了安全裝備，然後沿著山邊的樓梯步上至少十層樓高的高台上。說實在，飛行本身很溫和，拾級而上、迎接未知的途中才是讓人雙腳發軟的刺激點，加上半空冷颼颼的寒風，中間要停下數秒定定神、抖擻精神後才能繼續往上走。

驚險刺激的雪上空中纜繩

用鳥的視野去看白色世界

　　在高台上，工作人員熟練快速地把參加者吊掛在安全繩索上，確認一切沒問題會笑著問「Are you ready?」，在後面有人排隊、前頭沒有退路的騎虎難下局面，也根本沒有說 No 的餘地。此刻應該就是心情最緊張的時候，One、Two……當人被推出高台後，世界馬上變得安靜，除了耳邊的滑輪聲，周遭一切都靜音了。人雖然在長達 200 公尺的繩索上飛快地往下滑行，但置身其中的你卻有餘裕的時間細細打量這嶄新的角度與世界，在遠離人聲的半空、用鳥的視野去看純淨無邊的冰雪與渺小的遊人……

很推薦大家來享受一下玩雪的樂趣，雪盤、氣墊、滑雪板租金為 15 瑞郎，不限時間，難得也值得。不玩的話，也可以悠閒坐在沙灘椅享受日光和美景。

阿萊奇冰川健行

「冰川健行」是什麼？就是在歐洲最大的冰川上健行，在前面跨頁照片及右邊照片中的人，全都是深入冰川的健行者。

專業級的冰川兩天冒險之旅

「世界遺產瑞士阿爾卑斯山：少女峰－阿萊奇地區」充滿著許多罕見又迷人的景色，吸引著無數專業級的健行者探索，有這方面經驗的旅客可以參加「與登山導遊在阿萊奇冰川遠足旅行」的活動（Aletsch glacier hiking with mountain guide），詳情可到官方網站查看。

輕鬆易走的 45 分鐘路線

身為一般旅客的我們，似乎不可能參加冰川兩天遠足之旅，但不用失望，這裡也有輕鬆易走的路線，單程約 45 分鐘，以僧侶峰小屋 Monchsjoch Hut 為終點的入門級體驗，路程約 1.5 公里。在冰雪樂園裡有一個牌子（下方左圖），上面寫著「Hot and cold dishes and beverages, only a 45 minute hike away」，指示了前往的方向。

在冰雪上飛行體驗的高台上拍了一張照片，照片中可清楚看到許多人正在朝向 Monchsjoch Hut 出發，沿途設有旗幟指示方向，只要不走離範圍內便很安全，在前頁的 Google 地圖中有標示路線。雖然易走，安全裝備一定要足夠，一雙真正具有防水功能的登山鞋更是必需配備。

攀登僧侶峰的最後一站

旅客通常走到小屋後，就會在裡面的餐廳坐下來，補給一些熱飲熱食，欣賞景色後再折返。顧名思義，這小屋就是攀登僧侶峰的最後一站，共有 117 張床位，攀登者會在這裡住上一晚，第二天清晨再出發攻頂。

我們這次因為選擇了另一段健行路線（見下一篇），只好放棄這一段，留下一點遺憾，讓我們下次有再來的理由！

INFO　少女峰 | www.jungfrau.ch
僧侶峰小屋 | www.monchsjoch.ch

輕鬆易走的 45 分鐘路線

Sphinx Observatory
最高的觀景台

雪上空中纜繩的高台

Snow Fun
冰雪樂園

深入冰川的健行者

少女峰車站與其他室內區：360 度少女峰全景投影區
（Jungfrau Panorama）、阿爾卑斯山展覽區（Alpine
Sensation）冰宮（Eispalast）、餐廳、紀念品等等，全
都在這座山體裡。旅客們依靠著隧道和升降機穿梭各處。

少女峰下經典易行的優美步道　　　Jungfrau Eiger Walk

　　上一篇文章的旅程還未畫上句點，離開少女峰觀景台不代表旅程已結束，列車載我們下山，回到 Eigergletscher 站，同車有不少的旅客紛紛下車，我在月台上看著還坐在車廂內的乘客，心裡大聲呼喊：「大家趕快下車，千萬不要錯過這條景致優美的步道啊！」

🧳 輕鬆易走、經典大眾化的 Jungfrau Eiger Walk

　　從 Eigergletscher（2320 公尺）→ Kleine Scheidegg（2061 公尺），有一條稱為「Jungfrau Eiger Walk」的 37 號步道，最引人之處是雖然屬於白紅白色路線（中等程度），但其實整個路徑都在寬敞又平坦的下坡山路，走起來十分輕鬆，絕對是一條大眾化的健行路線，沿途三大名峰都在頭頂上，可近距離地仰望著它們，不到一小時便可走到客來雪德（Kleine Scheidegg）站，再上車前往其他目的地。

🧳 路窄不平、難度高的 Eiger Trail

　　如果想挑戰難度較高的步道，在 Eigergletscher 站的右邊還有 36 號步道 Eiger Trail，估計時間為 2 小時 50 分鐘，賣點是走在艾格峰北壁（Eiger North Face）之下，P.300 中介紹過這是世界有名的險峻北壁，攀爬難度非常高；這條步道既窄又不平、彎彎曲曲，需要穿著抓地性良好的登山鞋，與親民的 37 號步道截然不同。

　　根據資料的介紹，出發後不久登山者就會看到一塊有名的大岩石，上面有一把金屬梯，人們就是使用它來攀爬艾格峰北壁。這步道到 Alpiglen 為止，即是客來雪德站的下一站，在那裡可以再搭車下山，或是繼續步行走到格林德瓦的 Grund。

（左）從 Eigergletscher 站開始有兩條完全不同特色的步道。（中）從月台旁的樓梯走下的小路，37 號步道就從這裡開始。（右）走了幾分鐘回頭一看，Eigergletscher 站及後方的艾格峰，構成一幅美景。

不少人與我們一起在 Eigergletscher 站下車展開健行。

艾格峰 Eiger

綿延起伏山嶺的壯觀氣魄

說回 37 號步道，我們與 Sandra 在 Eigergletscher 月台左側沿著樓梯離開車站，一條寬闊、平坦的下坡路便映入眼簾，讓人立即感到無比放鬆，慢步展開這趟小遠足。雲淡輕風，沿途遇見各式阿爾卑斯小巧高山花卉，空氣清新令人心曠神怡。看著綿延起伏山嶺的壯觀氣魄，左右分別可瞭望到少女峰區兩個主要山鎮勞特布龍嫩和格林德瓦，甚至還能眺望到位於勞特布龍嫩上面的純樸的山村穆倫，心裡滿是愉快與舒暢。

 高山上的小木屋

下坡道穿越鐵路軌道，隨後是一條寬闊的彎道，緩緩朝向位於山丘上的小木屋 Mittellegihutte。這類小山屋通常出現於主要登山步道上，提供登山者一處休息或避難的好地方。建於 1924 年的小屋子，原本位於艾格峰東北山脊上，直至 2001 年由直升機移運至 Eigergletscher，最後在 2011 年再搬運到這裡。

目前木屋已關閉，變為高山上的迷你博物館，讓人認識昔日苛刻的登山條件。人們可在門口透過玻璃觀望到內部，設有 12 張床位、一個簡易的爐灶及用餐的空間。

步道終點前的人造湖

不知不覺,步道的終點客來雪德站就在下方的不遠處出現,遠眺到一群又一群旅客已聚集在車站及附近,好不熱鬧,同時也發現登山者走在上坡路上,向我們這個方向邁進。在接近最後一段路上,我們經過小巧的人造湖 Fallbodensee,用作蓄水之用,在初冬時可為四周的滑雪道提供人造雪。湖邊有一座外觀像小教堂的房子,其實前身是鐵路換乘站,現已列為受保護建築,成為「艾格峰北壁的小展覽館」,展出攀登北壁的歷史等重要資料。

艾格峰北壁之凶險

艾格峰這名字起源可追溯到 13 世紀,那時被稱为「Mons Egere」,源自德語單詞「hej Ger」(意思是「矛」),在法語區則常被稱為「Ogre」(意為「食人者」)。第一次成功登頂於 1858 年,登山者是從西側翼開始攀爬,這條路線至今仍是標準路線。

最陡峭崎嶇的天險

至於為何北壁被稱為「全歐洲最陡峭崎嶇的天險之一」,只因其部分山坡是垂直落差達 1830 公尺的石灰岩壁,而且經常有滾石落下;2006 年,一塊大約為 70 萬立方公尺的岩石掉落,萬幸的是跌入了無人的地區,沒有人受傷。

湖邊石塊刻有喪生英雄的名字

多年來,不少攀登者在北坡喪生,走過這人造湖時,不妨停下來,細看湖邊的石塊,原來每一塊都刻有登山者名字與離世年份,就是為了向那群「為達成征服北壁的理想而喪生的英雄」致敬。我們懷著深深的敬意、邊走邊看著每一石塊上的名字,在最後一塊上見到的年份是 2010 年。

艾格峰北壁的小展覽館

館內提供電子資訊版,呈現多條攀爬艾格峰的路線。

第一次征服艾格峰北壁

艾格峰北壁終於在 1938 年 7 月 24 日，由來自德國及奧地利的兩小隊總共 4 人，在攀爬途中相遇並合作攀登成功。他們在 22 號開始，其間不斷受到雪崩及滾石等多次的威脅，直至 24 號下午 4 點，4 人才安全攻頂。那時他們已精疲力盡，無法從原路折返，於是冒著風雪從難度較低的西側下山。

他們成功從北壁登上了山頂，路線後來被稱為「1938」或「Heckmair」路線。時至今日，北壁被劃分為 30 條不同的線路，其中有些線路的攀登難度依然極高。人們對於艾格峰的安全關注度，只僅次於馬特洪峰與珠穆朗瑪峰。

 ## 從客來雪德繼續走下去

「Jungfrau Eiger Walk」包含了令人心醉神迷的美景、小山屋展覽及艾格峰北壁歷史，重點是全程走在寬敞又平坦的下坡山路，時間又只需 1 小時左右，因此從少女峰觀景台下來時，除非真的很趕時間，否則一定要下車走一趟！

不選擇搭車離開的話，當然可以從客來雪德再往下走：

目的地：格林德瓦
（1）34 號步道：Kleine Scheidegg → Alpiglen → Brandegg → Grindelwald，需 3 小時 50 分鐘。
目的地：溫根及勞特布龍嫩
（2）先走 41 號步道：Kleine Scheidegg → Wengernalp → Wengen，需 2 小時 45 分鐘。
（3）再走 48 或 49 號步道：Wengen → Lauterbrunnen，需 1 小時 20 至 30 分鐘。

一路上，在山坡上吃草的乳牛、奔馳的登山火車
總會在身邊出現，讓旅途倍添趣味與愉快！

艾格峰
（Eiger，3970 公尺）

極為陡峭的
艾格峰北壁

行走 37 號步道的最大收穫之一，莫過是觀賞到以艾格峰為主群峰的景色，嘆為觀止。
在拍攝這張照片的步道上，凝視了這幅絕景許久，尤其那陡峭的北壁，即使沒有走在 Eiger Trail 上，
亦讓人留下深刻印象！

僧侶峰
（Monch，4107 公尺）

少女峰→
（Jungfrau，4158 公尺）

少女峰觀景台
（Jungfraujoch，3454 公尺）

Eigergletscher 車站
（2320 公尺）

國家地理雜誌推薦的世界級經典步道

在雨中健行探訪山中湖泊

巴哈阿爾普湖 Bachalpsee

《國家地理雜誌》推薦的世界經典步道之一：「First → Bachalpsee → Faulhorn」，不到 1 小時即可輕鬆走到此山中湖；在無風的好天氣下，可觀賞到對面以施雷克峰（Schreckhorn）為主的白雪群峰倒映在清澈如鏡的湖面上，美不可言！

在少女峰地區的旅程中，登上頂峰觀賞少女峰雖是一等一的大事情，可是切勿忽略整個山區還有多個高高低低的山頭、各有特色的景點及豐富的健行路線，絕對值得我們用雙腳去發掘。

方便快速規劃出完美的少女峰之旅

P.299 列出了我們五天四夜的規劃，以下會解說為何要那樣的設計。說實在，我們只有三個整天，一定要「精打細算」，以儘量挑選不同區域的經典受歡迎路線為目標。翻看 P.298 的地圖，由最上方的少女峰看下去，粗略地可把整個山區分為上、中、下三區，客來雪德（Kleine Scheidegg）以上的地方就是「上區」，毫無疑問地第一整天就安排在這裡。

第二天就放在「中區」的格林德瓦（Grindelwald）和勞特布龍嫩（Lauterbrunnen）；最後，以 Zweilutschinen 開始，延伸下到因特拉肯（Interlaken）及其周邊的湖泊及山頭就是「下區」。較接近因特拉肯的兩個山頭 Schynige Platte 及 Harder Kulm，成為第三天的重點，如此這般，整個少女峰區我們就大致走了一遍。這樣的劃分，甚至再細分至四區或五區，然後在每區尋找最心儀的景點及健行路線，就可以很容易設計出屬於自己的「完美的少女峰之旅」。

Grindelwald-First 的健行路線

說回我們第二天的行程，上午至下午 3 點多是格林德瓦（既然住在這小鎮上，自然就預留多一點時間），其餘時間便是勞特布龍嫩。格林德瓦這個山谷小鎮，附近共有 300 多公里的登山路線，在官方網站（www.jungfrau.ch）推薦了近 20 條稱為「Grindelwald-First hiking trails」的路線，菲斯特（First）就位於格林德瓦附近山腰處，以菲斯特為起點的健行與登山步道，包含了 1 至 6 小時的路程，在本文的最後會有進一步的介紹。

國家地理雜誌推薦的 15 條世界經典步道之一

說到最著名的一條步道，莫過於「First → Bachalpsee → Faulhorn」，只因它有《國家地理雜誌》（National Geographic）的光環，在 2012 年被該雜誌列為「World's Best Hikes: 15 Classic Trails」！

登頂欣賞阿爾卑斯群山全景

雜誌盛讚的路線實則上分為兩部分，「First → Bachalpsee」及「Bachalpsee → Faulhorn」；前段是一段大眾化的賞高山湖泊路線，屬於黃色級別，山路寬大，長輩和小朋友也能輕易地走完，單程約 1 小時。後段則是 90 分鐘左右，升級為白紅白色的路線，當走至 2681 公尺的 Faulhorn 山峰上，仿如無窮無盡的阿爾卑斯群山全景就是最大的回報，最主要的山峰施雷克峰（Schreckhorn）、艾格峰（Eiger）、僧侶峰（Monch）、少女峰（Jungfrau）等氣勢磅礴、綿延橫越的誘人景觀，瑞士一半的景色盡在眼前！

山上有一間高山旅舍 Mountain Lodge Faulhorn，建於 1832 年，該雜誌還推薦旅客最好住上一晚，觀賞過群山全景的日落與日出，才算真正完成這條世界級別的經典步道！

雨中出發去賞山中湖泊

這天，從天氣預報已得知整天都會下雨，於是在超市買了印有瑞士國旗圖案的紅色雨衣，帶著即使沒有藍天白雲也可以在高山健行得很享受的愉快心情出發。

從格林德瓦火車站出來，沿著大路走，約 10 分鐘抵達 Firstbahn 纜車站，往菲斯特的纜車為 6 人座，中間經過 Bort 站及 Schreckfeld 站，約 30 分鐘可達菲斯特站。和搭纜車登上普芬斯蒂格（Pfingstegg）觀景台一樣，隨著纜車升得愈來愈高，漸漸看到格林德瓦的全景，高低起伏山谷草坡上的一棟棟瑞士傳統房子，即使在陰天多霧下，怎麼看都還是挺美的啊！

在前往 Bachalpsee 的途中，還可以眺望山谷中的格林德瓦。圖中標示處是普芬斯蒂格，就是第一天我們抵達小鎮後登上的觀景台，那裡有步道可登至上方的冰河 Unterer Grindelwaldgletscher。

Firstbahn 纜車站

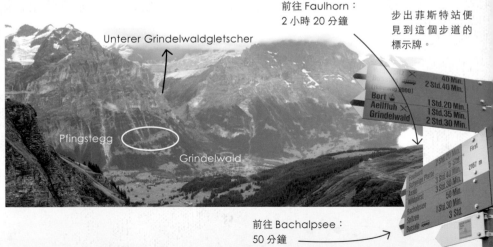

Unterer Grindelwaldgletscher

Pfingstegg

Grindelwald

前往 Faulhorn：
2 小時 20 分鐘

步出菲斯特站便見到這個步道的標示牌。

前往 Bachalpsee：
50 分鐘

走「First → Bachalpsee」這段健行路線絕對不會迷路，沿路不但有指標，而且大部份都是平坦的石子路，我想甚至推著嬰兒車也很輕鬆吧！

途中，終於下雨，大家早有準備，紛紛穿起雨衣，打開雨傘，繼續往山中湖邁進！

躺在這山坡上，便可看到本文第一頁插畫的群山美景。再沿著山坡走上去，可抵達Faulhorn，更壯闊的風光就在那兒。

上湖

下湖

這天旅遊局的代表 Sandra，繼續與我們同行。步道兩旁的繁盛野花，即使在下雨天依然點綴著繽紛的色彩，初段緩緩往上斜，之後趨近平緩，基本上整段路落差都不大，即使中途開始下雨，只要帶備雨衣或雨傘的話，走起來也不會有什麼問題。Bachalpsee 這湖泊坐落在山凹之處，分為上、下兩個湖，上湖三面被山環抱，最有名的攝人景色是白雪群峰的倒影。天氣晴朗時，許多人會坐著在湖邊野餐，無論是坐在椅子上，還是躺在草地上，山中的氛圍都令人感到無比放鬆。

🧳 湖邊小屋讓人可安全舒適地在山中過夜

湖邊有一座小山屋 Bachalpsee Huttle，這類小山屋通常都出現在主要步道上，供登山者休息、避雨或風雪。小山屋可自由地使用，因此是不上鎖的。Sandra 打開小屋帶我們入內觀看內部的環境及設備，裡面有兩張木床，連同睡在地上的空間，估計小屋可容納 8 人睡在裡面，還有簡易的爐灶，木柴則放在小屋外面。無論是小屋的正面或旁邊的步道指示牌，都掛有下山交通工具的時刻表，例如 Firstbahn 的末班次是 18：30，提醒登山者萬一錯過最後班次，便需要在山中過夜，而這小屋就是可以讓他們安全又舒適休息的地方。

🧳 他們在沒有帳篷情況下，要睡在外面？！

這時候發生了小插曲，小屋外不遠之處的草坪上，有兩位年青人打算在戶外睡一夜，重點是「他們並沒有帳篷」！Sandra 跟他們聊一聊，才發現他們先前不知為何竟然無法打開小屋的門，最後才被迫留在外面。一見到小屋的門被打開後，喜出望外，連忙收拾東西搬進去。我們真是替他們鬆了一口氣，入夜後的氣溫想必十分寒冷，加上一直下雨，那種艱苦的情況，實非我們能想像！

🧳 下次我們會走完全程

想完成《國家地理雜誌》所推薦的路線，旅客就要經過上湖繼續前行，這天的雨勢看起來持續不斷，我們就在山中湖止步然後折返。不過，這也使我們的下一回造訪有了充分的理由。那時候，我們一定要把全程走完！

小屋的床位及簡易爐灶

放在外面的木柴，讓人生火取暖

他們原本是要睡在外面的草坪上。

　　沒有看到群山圍繞與雪峰倒影、也未能前往 Faulhorn，一點也不在意，只因途中遇上一群又一群的可愛羚羊與乳牛，每回跟牠們對望一下，便領悟到旅程的快樂與滿足不一定來自風景。

　　脖子繫著鈴鐺的牛兒在山坡上悠閒地吃草，鈴鐺發出噹啷噹啷的美妙聲音在高山中演奏著，我們邊聽著，邊慢步走回去。

　　接近菲斯特纜車站的一段步道中，兩旁的山坡就是一大片牧牛及牧羊的地方，其實是我們走進了牠們的「地盤」而已。

　　羊與乳牛居住的屋子，我們走過時，還遇上一位牧場小幫手在工作中。為了防止牠們走失，這一帶都設有電力圍欄，而登山者每當通過時，都要自行開關。

　　夏天來到，放牧者便會趕著乳牛、公牛、綿羊和山羊上山，牠們在那裡依照大自然的節奏生活約 100 天。放牧者主要照顧牛群，每天要把牛趕往牧場，擠兩次奶並製作奶酪，目前每年有 1 萬 2 千名男女在山上擔任放牧者看管動物。

牧場小幫手

似笑非笑的可愛樣子！

登山者通過後
都要記得關上

電力圍欄。

右頁是整個少女峰區的登山步道地圖，下方則是格林德瓦一帶，均可在官方網站下載，網站也列出了路線的資料。

輕輕鬆鬆從菲斯特走下坡路回去

從菲斯特纜車站回到格林德瓦，其實有多條路線可以下山，大部分都是黃線，所以在天氣好的日子，不少旅客都會選擇買單程纜車票上山，然後輕輕鬆鬆行走下坡路回去。其中較多人會選以下三線的組合，因為都是沿著纜車線下山，全程約 2 小時 40 分鐘。

1. 8 號步道：First → Schreckfeld，需 40 分鐘
2. 12 號步道：Schreckfeld → Bort，需 50 分鐘
3. 15 號步道：Bort → Grindelwald，需 70 分鐘

（左）Firstbahn 纜車站前的纜車及登山步道電子資訊版，上山前記得要留意山上的即時狀況，如果遇上天氣不佳，車站及設施都可能會暫停營運。（右）電子資訊版就是格林德瓦的步道地圖，可事先在官網瀏覽及下載。

世界級經典路線的後半段

《國家地理雜誌》推薦的路線，細看地圖，當走到 Faulhorn 這山頭後，除非決定在那邊唯一間高山旅舍住一晚外，否則看過美景後就一定要繼續前行，該怎樣走？

【選擇 1】是較容易的走法，離開 Faulhorn，走 2 號步道，大約 90 分鐘可到 Bussalp，那裡也是觀光點，設有餐廳，重點是旅客可坐上 Grindelwald Bus 的 6 號線（Grindelwald－Bussalp）回去，30 分鐘便可回到格林德瓦。

挑戰整個少女峰區域中最長時間的步道

【選擇 2】就是熱愛登山人士夢寐以求的路線！不走 2 號，而走 63 號，約 3 小時能走到 Schynige Platte。事實上，整條 63 號步道是「First → Faulhorn → Schynige Platte」，為白紅白色路線，全程 5 小時 20 分鐘。

反方向走的話，「Schynige Platte → Faulhorn → First」，則稱為 62 號步道，是整區最長時間的步道，需時 6 小時 10 分鐘。一開始走在山脊稜線上，左邊的山下有布里恩茨湖（Brienzersee）、右邊上方則是此山區的主要雪峰，一路上氣勢磅礴地排開，大約中午可抵達 Faulhorn。享用午餐、恢復體力後再繼續走；途經 Bachalpsee，欣賞群峰倒影；最後在菲斯特搭纜車下到格林德瓦。

登山地圖
旅客可在火車站或旅館內索取這兩份地圖，或在 www.jungfrau.ch 下載。

在上一篇文章，我們觀看少女峰後，坐上火車下到 Eigergletscher，然後健行至 Kleine Scheidegg，這是 37 號步道，只需要 45 分鐘。

《國家地理雜誌》推薦的步道：「First → Bachalpsee → Faulhorn」
【選擇 1】離開 Faulhorn，走 2 號步道，大約 90 分鐘可到 Bussalp，最後坐巴士回到格林德瓦。
【選擇 2】離開 Faulhorn，走 63 號步道，約 3 小時能走到 Schynige Platte，最後坐火車下山。

走進山崖邊緣的無車小村莊 ∕ 穆倫

感受阿爾卑斯樸素的山村氛圍

勞特布龍嫩 Lauterbrunnen

小鎮位於山谷中，是冰河侵蝕後的地形，城鎮兩側有垂直陡峭的山壁，由於地勢落差大，形成大大小小的70多個瀑布，因此有「瀑布鎮」之稱。

格林德瓦（Grindelwald）有著一大片山坡草地，大大小小的旅館與房子散佈其中，加上又是登上少女峰的主要車站，充滿人多的熱鬧氣氛。

 幽雅寂靜的山崖上小鎮

至於另一個山上小鎮穆倫（Murren），雖然名氣不及格林德瓦，卻有著完全不一樣的感覺，這座無車小鎮盤據在山崖邊緣，房子層層疊疊依著山勢而建，人口也不到 500 人，也許因為交通有點不便，所以初次到訪的旅客，大多不會選在這裡落腳，事情總有正反兩面，這樣反而營造出其他小鎮沒有的幽雅寂靜！

前文已經提過，整個少女峰區大致可分為上、中及下三區，中區又分為左及右兩邊：格林德瓦及勞特布龍嫩。那天我們遊覽完格林德瓦的菲斯特後，一路馬不停蹄轉往第二站。

要前往穆倫，就必需先到勞特布龍嫩。從格林德瓦到勞特布龍嫩有兩個方向的搭法，一是坐火車往更高的客來雪德，轉車再往下走至勞特布龍嫩；二是從格林德瓦住下行，在 Zweilutschinen 換車，才往上走至勞特布龍嫩。我挑選第二個方法，

原因很簡單，就是持有 Swiss Travel Pass 可享免費搭乘，而第一方法則只有 75 折優惠。

 俯瞰勞特布龍嫩的全貌

勞特布龍嫩位在峽谷之間，形成狹長型，多道白色瀑布輕飄飄從山壁滑落、隨風擺盪，因而得名。這個小鎮和格林德瓦一樣位於通往少女峰的要道上，很多旅客也選擇以此為基地。雖然這次無緣深入此鎮好好探索，幸好在坐纜車登上 Grutschalp 的短短數分鐘，有幸讓俯瞰到小鎮全貌。

1. 勞特布龍嫩是登上少女峰的主要車站，也是往穆倫的必經之地。

2. 纜車：登上穆倫的第一段交通工具。

3. 當纜車從勞特布龍嫩逐漸上升之際，可欣賞到整片峽谷的風光。

4. 不到幾分鐘便抵達 1486 公尺的 Grutschalp。

5. 最後換上古典味十足的齒輪小火車。

抵達勞特布龍嫩月台已是下午 3 點多，我們穿過地下通道，來到對面的勞特布龍嫩 BLM 搭乘纜車。纜車穿越樹林與雲霧，登上幾乎垂直的陡峭懸崖，短短數分鐘就抵達了海拔 1486 公尺的 Grutschalp。緊接著換上齒輪火車，兩程交通總共花了 20 分鐘，我們便已來到穆倫 BLM。持 Swiss Travel Pass，這兩段的交通費也是免費。如果回程遇上好天氣，很多人會選擇不搭交通工具，直接走 50 號步道，Murren → Lauterbrunnen 也只要 2 小時 30 分鐘。

盡情徒步探索這個美麗小村莊

步出車站，第一個感覺是小鎮靜得出奇，沒有任何喧嘩和嘈雜，路上只有三三兩兩的旅客，有些跟我們一樣剛下車。或許是因為地理上偏遠僻靜的優勢，讓這個山崖邊緣的小鎮隔離了所有機動車輛，不僅讓坐落在 1650 公尺山崖上的穆倫擁有更新鮮的空氣，也完整保存了阿爾卑斯樸素的山村氛圍。也是因為如此，唯有纜車、鐵道，加上你的雙腳，就能盡情地徒步探索如此美麗小村莊！

獨特的與世隔絕感覺

穆倫確實是一座安靜純樸的山村，村中傳統的木造房舍被村民精心裝飾。走在幾乎無人、又帶著濃濃霧氣的小徑上，除了舒服、愜意外，還有一種獨特的與世隔絕感覺。

登上雪朗峰展望台的轉乘站

在少女峰區還有一個著名觀景點，可同時眺望少女峰、僧侶峰及艾格峰的美景，就是雪朗峰（Schilthorn，2960 公尺），那裡也因拍攝鐵金剛電影而著名。至於穆倫，其實是位於雪朗峰的山腰，所以走至小鎮另一端的 Schilthornbahn，便可搭纜車到雪朗峰展望台。

這一回因為天氣及時間的關係，我們沒有再上到雪朗峰、只能短暫地在鎮上四處走一走。穆倫即使不在登少女峰的車站上，只是個登上雪朗峰的轉乘點，但短暫探訪過後，深深覺得這個寧靜山村的一切讓人好喜歡，下次也該在這裡住上幾晚！

結束短程散策，我們又回到穆倫 BLM 車站，遇上不少等候火車準備下山的旅客。那裡有一個觀景台，據說，從那邊望出去的少女峰會顯得好近、好壯觀，每位剛到達的旅客，都對這幅山峰美景讚嘆不已（本頁的照片即是車站的觀景台及所看到的景色）。

　　雲霧還是特別多，近距離的少女峰景致當然沒有出現。雖然能見度很低，幸好大家依然可以在一片霧濛濛之間，隱約窺看到雪峰的局部景色。我邊看著、邊推測距離，毫無疑問，在天色好的時候，真的可以觀賞到近距離的雪峰美景！

穆倫及雪朗峰的交通資訊

A. 穆倫鎮上共有 3 種交通工具的車站，請務必分辨清楚：

1. Murren BLM 位於村首，即是我們搭的齒輪火車車站。
2. Murren（Allmendhubelbahn）位於村的中間，可搭軌道纜車到海拔 1907 公尺的 Allmendhubel，軌道纜車最大坡度為 61%，爬升海拔 250 公尺，這座山頭有多條輕鬆易走、風景優美的步道。
3. Murren（Schilthornbahn）位於村的尾端，是登上 Schilthorn 的纜車站。

B. 往穆倫的另一個方法：在勞特布龍嫩搭郵政巴士，前往山谷深處的 Stechelberg，那是登上雪朗峰的纜車首站，經過 Gimmelwald 便抵達 Murren（Schilthornbahn）。

車資

1. Lauterbrunnen→Grutschalp→Murren，單程／來回為 11／22 瑞郎（持 Swiss Travel Pass 可享免費）
2. Murren（Schilthornbahn）→ Schilthorn 來回 80 瑞郎（持 Swiss Travel Pass 可享半價）

網址

Lauterbrunnen：mylauterbrunnen.com
Murren：mymurren.ch
Schilthorn：www.schilthorn.ch

徐尼格景觀台、哈德昆

即使遼闊的少女峰區全景景色沒有上映，也能為旅程寫上完美的句號！

少女峰區是一片很大範圍的區域，較容易上手的規劃行程方法是劃分為上、中、下三個區，然後再「精打細算」，在每一區挑選經典受歡迎路線來遊玩、觀賞和健行。到了我們在少女峰區的最後一整天，雖然雨勢比昨天更大，旅遊的愉快心情一點也不受影響。

我們繼續穿上印有瑞士國旗的紅色雨衣出發，在格林德瓦搭火車走下行路線，前往「下區」的兩個山頭，如此一來，整個山區主要的山頭都走了一遍，總算為我們的「完美少女峰之旅」寫上句號。

能眺望少女峰區全景的兩個主要山頭

這兩個山頭是徐尼格景觀台（Schynige Platte，1967 公尺）及哈德昆（Harder Kulm，1322 公尺），有著一樣的賣點，就是能在山上眺望到「少女峰區的全景景色」，即包含了三個主峰及兩旁群峰的一字排開景致，因為距離拉遠了，比起在上或中區所看到的更為廣闊；地理位置上，哈德昆還更遠，所看到的全景最為遼闊。此外，這兩個地方可說是「期間限定的景點」，因天氣關係，登山交通、山上的餐廳、旅館及各類旅遊活動及表演都只在每年 4 或 5 月底到 10 月底才運作及開放，其餘的日子估計大概沒有人在上面吧。

先到最長步道的起點

基於天氣預報提醒整天下雨、雲霧又密，所以不安排健行，時間也變得充裕，我們便規劃上午及下午各到一處，以順方向來說，會先到徐尼格景觀台。徐尼格景觀台這個名稱在上一篇已經出現過，還記得嗎？就是整個少女峰區中最長時間的 62 號步道，其起點就在那裡。

坐上可愛的小火車出發

我們相約 Sandra 在 Wilderswil 站，一起轉乘齒軌火車上山，這段高山火車路線一天 15 班，於 1893 年便開始營運，一開始是使用蒸氣，車體為木造，直至 1914 年才電氣化。只有兩節的車廂，仍保持昔日火車的外觀，木製座位中間沒有走道，由工作人員親手負責開關門，感覺像坐上遊樂場內的懷舊小火車。

52 分鐘的車程中，可愛的小火車先穿越森林，經過一大片嫩綠的草坪和滿山的野花後，會抵達中繼站 Breitlauenen；部分路段是單線行駛，當遇上對向列車時，車上的鐵道人員還會下車以人工方式操作轉動軌道。

途中，女鐵道人員需要下車操作轉動軌道，完成後再回到列車上。

Wilderswil 站及可愛小火車，火車還負責運送物資到山上。

在高山上迴盪著的低沉渾厚音樂

當小火車徐徐抵達終站，大濃霧已籠罩四周，能見度相當低。這時傳來十分響亮、低沉雄厚的樂聲，讓甫下車的旅客驚喜地回頭一望，只見車站一角有兩位阿爾卑斯長號演奏家（Alphorn players）正在表演中，大家二話不說上前見識這支被譽為瑞士國家代表、外形酷似巨大煙斗的樂器！

難度很高的山笛，沒有幾人能夠成功吹奏出音樂。

牧人吹奏山笛呼喚牛群回來

阿爾卑斯長號（Alphorn），又稱為山笛，是瑞士阿爾卑斯山一帶使用的一種原始木製管樂器，有 3 到 4 公尺長。根據記載，第一支山笛於 16 世紀誕生，當時牧人使用它呼喚散落在山坡各處的牛群，牠們聽到山笛聲響會慢步走到聲音來源處，還有傳說山笛聲能讓乳牛放鬆，增加奶量，就像讓嬰兒多聽古典音樂，對他們的腦部能力有幫助一樣嗎？！此外，牧人還會使用山笛與山下的人們溝通。

4 公尺長的山笛分成四部分，方便收入大袋子中。

下山時，我們巧遇兩位山笛演奏伯伯，他們便一直分享演奏山笛的趣事。

看似容易實則難度很高的樂器

除了可以現場欣賞這場甚有特色的樂器演奏，旅客還可以體驗一下，千萬不要以為它是一項容易吹奏的樂器，恰恰相反，難度極大；雖然兩位演奏伯伯已很積極、努力說明吹奏的入門方法，結果我倆包括其他十多名旅客，只有兩、三人能吹出斷斷續續的音樂，說不上動聽，但至少聽起來像是一小段山笛音樂，其他人基本上沒辦法吹出任何聲音。

這項非常受歡迎的阿爾卑斯長號表演，在期間限定的日子中，每天11 點至下午 2 點在車站及旁邊的餐廳內進行表演，而且整個少女峰區只有這裡才能免費欣賞！

數百年來堅持原貌，山笛形狀沒有太大改變，依然是一支長的圓錐管，末端像牛角一樣彎曲。

製作山笛相當費工，挖空和組裝都需要大量的手工勞動，光是把管壁刨削成 4 至 7 公釐厚，便要耗時 70 多個小時。

早期的阿爾卑斯長號是由深山裡的小松樹製成，並且樹身要有點彎曲，才能形成山笛的自然曲線。由於這種木材生長緩慢，其年輪非常緊密，人們將樹幹切開挖空，然後再恢復原樣。現今也使用白蠟木等其他材料製作。

18 世紀後，奶酪生產從山上轉移到村裡的乳品場，越來越少人使用山笛，傳統節日也開始聽不到它的聲音；因此人們努力挽救它，最終成功轉型成為無論瑞士人或外國人都極為喜歡、代表瑞士國家的樂器。

山笛演奏者屬於 Swiss Yodeling Association（EJV），目前有約 1800 名會員，分佈在瑞士及世界各地。每年，在瑞士各地會舉行山笛音樂節或以山笛為主角的演奏會，深受歡迎。

木製底座支撐整支山笛，更加穩定。

忘我地在高山植物中散步

　　由車站出發，旅客通常會依指標到山頂環型景觀步道健行，共有 6 條約可在 1 至 2 小時內完成的步道，最長的一條就是前往菲斯特的 62 號步道，最高點還有瞭望台，可觀賞最佳的景色。

　　徐尼格景觀台之所以有名，是因為天氣好的日子，除了一邊可看到雪峰連線的全景，另一邊向下望還可看到山下的因特拉肯（Internaken）、布里恩茨湖（Brienzersee）、圖恩湖（Thunersee）組成的景致。

🧳 本地人自行開發的高山植物園

　　另一個賣點是可看到特別多的高山植物。面積廣大的阿爾卑斯山植物花園（Botanical Alpine Garden），由本地人自行開發及管理，培育和展示 500 多種不同的瑞士高山植物，正好滿足了喜愛植物的我們。

🧳 一呼一吸都是份外的芳草清香

　　我們在濃霧細雨中展開尋訪高山植物之旅，輕輕鬆鬆走在平坦的山路上，在這種天氣下，一呼一吸都是份外的清新芳香。漫山遍野七彩斑爛的花兒向著我們微笑，幾乎每種植物都有自己的牌子，為到訪者介紹；我們盡情忘我地穿梭花叢之間，逐個品種去仔細觀察和研究，1 個多小時的賞花之旅轉眼即逝。

白茫茫的濃霧下，宛如墜入迷霧之中，
一路上走在各式各樣、色彩繽紛的高山植物中，
淡淡清香盈繞於鼻息之間，心神為之一振。

跟滿山花朵再見後已是中午，我們自然而然就在山上唯一的旅館 Schynige Platte Mountain Hotel 內的餐廳享用午餐。窗外仍是濃霧深鎖，我想像著在天晴時所看到壯麗寬闊的景色，食欲也大增起來！

 ## 期間限定開放的哈德昆

接著啟程前往下一站——哈德昆（Harder Kulm），如果選擇住在因特拉肯的旅客，這個觀景台就不要錯過，因為它的登山交通很接近 Interlaken OST，不過記得留意此地也是「期間限定」，只於每年 4 月底到 10 月底開放。

於是我們坐火車回到 Wilderswil 站，再轉搭往 Interlaken OST 的火車。下車後步行約 10 分鐘就可搭上纜車，於 1908 年開通的纜車，在陡峭的索道上帶著我們穿越一片森林，城市街道漸漸變小，短短 8 分鐘攀升至 1322 公尺高的山上。

 ## 離遠一點，看到不一樣的美

有時候，美的東西要離遠一點看，才會看到不一樣的美，我想哈德昆便印證了這句話。纜車抵達終點再步行一小段路，便可見到一間紅瓦如教堂般、視野極佳的餐廳，前方就有一處在懸崖上搭建的觀景台。

地理上，它是少女峰區的多個觀景台中最遠的，在 1 千多公尺的高度望去，是一幅連因特拉肯、兩湖一併收進去的少女峰區最廣闊全景。聽說，一天最美的時刻在日落時分，一字排開的群峰，在夕陽的光線中從白色變成金黃，整片金黃灑落於山壁，最後金色淡淡褪去然後進入夜裡。

INFO

網址 | www.jungfrau.ch

徐尼格景觀台
登山交通及餐廳開放時間 | 5/28 至 10 月底
登山火車票價 | 單程／來回為 32／64 瑞郎，持 Swiss Travel Pass 可享免費

哈德昆
登山交通及餐廳開放時間 | 4/23 至 10 月底
纜車 | 單程／來回為 15／30 瑞郎，持 Swiss Travel Pass 可享半價

Schynige Platte 的餐廳

管理植物花園的的居民在車站旁舉行的小展覽，向旅客介紹各種植物。

Harder Kulm 的餐廳

364

「少女峰區的全區景色」包含 3 座主峰及兩旁
群峰一字排開的景致。（好天氣時可以見到）

Brienzersee

Thunersee

餐廳

凝視著平靜的、藍綠色的迷人湖水，幾片輕柔的浮雲悠然在低空中飄動著，這大概是我們在這山區最後一幅的難忘美景了。回想起這幾天裡，我們原來經歷過萬里無雲的大晴天、雲霧密佈的陰天以及下雨天。

　　表面上，我們沒有像在策馬特那般幸運，可以一連幾天都在晴朗天氣下看風景、在山林間健行；其實這次的旅程，讓我們對於天氣好壞變得容易釋懷，更充份體驗到旅行能使人學會「謙卑」。千里迢迢來到高山之中，誰不想遇上好天氣？倘若沒有經歷過陰雨，就無緣親睹到這地方的不同面貌。

　　雨在下、霧在飄，我們懷著滿足與感恩的愉快心情，踏上歸途。

🧳 《最完美的瑞士之旅 2》的延伸閱讀

　　少女峰地區實在很大，豈止少女峰觀景台、格林德瓦、穆倫……，規劃深度遊覽及體驗動輒要用上一星期。關於此地區，本書有 70 多頁內容，其實已經非常豐富，不過還有許多精彩、值得探索的步道、小鎮及山峰還未出現。第 2 集全書共有600 多頁，其中 200 頁就是別冊 -- 少女峰地區完整攻略，單是頁數而言，便想像到內容是何等級數。二冊合共 270 頁的少女峰地區內容，切勿錯過！

再去瑞士的美麗理由

本書記錄了我們在 2015 年夏天的瑞士旅程，一年後的盛夏，我們再次坐上瑞航直飛蘇黎世，行李箱裡一如以往有畫筆和畫本，還有新添置的登山鞋，和這本剛出版、新鮮得燙手的《最完美的瑞士之旅》，來！跟你逐一介紹我們行李箱內的東西……

當你與「真人」面對面時，誰又能按奈著不去寫／畫／拍她？

邊旅遊邊畫畫是我們向來喜歡的事，不過，在瑞士寫生與寫瑞士的書，卻變得很難很難。大家常以「用傻瓜相機隨便拍都美得像畫」這句話來形容風光明媚的地方，但事實上，當你覺得「美得像畫的照片」或「比照片更美的畫」，其美的程度都比不上親眼所見的萬分之一。如此美境，要用文字來書寫描述，更難！每寫一篇都感到詞窮，每一篇的形容詞幾乎都是湖光山色、壯觀、壯麗、迷人、美得像畫、像仙境、像夢……，文筆不是看似太浮誇就是太薄弱，但我們真的無法在腦中原本就不豐富的詞庫裡，搜出貼切詞彙來刻劃瑞士美的層次，而且總覺得再美的文字於壯麗（你看，又來了！）的天地間也顯得乏力。儘管筆下鏡頭下的瑞士都會比「真人」遜色，而一旦與「真人」面對面時，誰又能按奈著不去寫／畫／拍她？去瑞士不寫生，手會癢！

無法抗拒遠足健行之樂

沒想到向來很怕熱又愛享受的我們，會對在瑞士山區遠足健行這件事上了癮，走在不同難度的碎石小徑上，牛鈴的叮叮咚咚於山谷中迴盪，邊走邊調節呼吸，每吸入一口盡是沁人心脾的純淨空氣，走得渴了就掬飲清甜溪水，走了一大段，皮膚與毛孔仍然清涼乾爽。輕裝出發去看日出看湖看倒影看山脈看雪峰看冰川，還有

看火車、看山麓上各式用途的小屋、村莊裡的幼稚園、沿路的小花野草藥草與樹林，最驚喜的是看到山裡的居民們：黑面羊、雙色羊、土撥鼠、湖裡河裡的魚、在山上自由行的牛群馬匹……。走在這麼精彩的山區裡，竟然還有餐點飲料同樣精彩的餐廳、咖啡店甚至飯店隱身其中，有如此棒的補給站，更讓我們無法抗拒遠足健行之樂，所以，去瑞士不健行，腳也會癢！

盡力以書、照片和圖畫來留住並傳達瑞士仍然美好的一面

然而，多完美的瑞士也逃不過氣候暖化的殘酷，當我們走過馬特洪峰下綠草如茵的山坡時，70 多歲的登山專家忽然說：「60 年前這裡全都是冰，我小時候常來這裡溜冰。」沿途聽著在地人娓娓道來各種冬天不再長的活見證，對照著眼前實境，無言的同時，

我們更覺得要與溶化的冰比快，盡力以書、照片和圖畫來留住並傳達瑞士仍然美好的一面。因為美好，所以珍惜；因為美好，所以行動。

369

最完美的瑞士之旅 / 文少輝，傅美璇著. -- 二版. --
新北市：木馬文化出版：遠足文化發行，2018.11
　　面；　　公分
ISBN 978-986-359-603-5 (平裝)
1. 旅遊 2. 瑞士
744.89　　　　　　　　　　　　　107017166

最完美的瑞士之旅

圖 · 文 · 攝｜文少輝 · 傅美璇。社長｜陳蕙慧。總編輯｜戴偉傑。特約編輯｜黃薇之。封面設計｜比比司。版面構成｜陳宛昀 · 黃讌茹。出版｜木馬文化事業股份有限公司。發行｜遠足文化事業股份有限公司（讀書共和國出版集團）。地址｜231 新北市新店區民權路 108-4 號 8 樓。電話｜ (02)2218-1417。傳真｜ (02)2218-0727。Email｜ service@bookrep.com.tw。郵撥帳號｜ 19588272 木馬文化事業股份有限公司。客服專線｜ 0800221029。法律顧問｜華洋法律事務所 蘇文生律師。
印刷｜凱林彩印股份有限公司。二版｜ 2018 年 11 月。二版 4 刷｜ 2023 年 8 月。定價｜ 480 元